AF609141

Hermann Hesse e Theodor Heuss

Un rapporto di amicizia in tempi mutevoli

A cura di
Regina Bucher
Fondazione Hermann Hesse Montagnola

Schwabe Verlag

Fondazione Hermann Hesse
Montagnola

Questo libro esce in occasione dell'esposizione allestita al Museo Hermann Hesse Montagnola dal 9.6.2019 al 2.2.2020.
Il progetto è stato realizzato sotto il Patronato dell'Ambasciata Tedesca di Berna.

Il libro e l'esposizione
sono stati sostenuti da:

Repubblica e Cantone Ticino
DECS
SWISSLOS

Fondazione
Ing. Pasquale Lucchini

Hermann Hesse-Stiftung
Bern

ERNST GÖHNER
STIFTUNG

GESCHWISTER KAHL
STIFTUNG

Informazione bibliografica della Deutsche Nationalbibliothek
La Deutsche Nationalbibliothek registra questa pubblicazione nella Deutsche Nationalbibliografie; dati bibliografici dettagliati sono disponibili in internet su http://dnb.dnb.de.

Foto di copertina: Hermann Hesse e Theodor Heuss a Sils Maria, 1957.
Foto: Andreas Pedrett, copyright: Max Galli
Realizzazione di copertina: icona basel gmbh, Basel
Layout: Laurent Nicod, bitdesign, Montagnola
Tipografia: CPI books GmbH, Leck
Printed in Germany
ISBN 978-3-7965-3972-5 / ISBN e-Book (PDF) 978-3-7965-4025-7
L'e-Book è identico nella sua impaginazione all'edizione stampata e consente la ricerca full-text. Inoltre, l'indice e i titoli sono collegati.

rights@schwabe.ch
www.schwabeverlag.ch

Indice

fig. 1
Hermann Hesse e Theodor Heuss il 10 agosto 1957 in Val Fex vicino a Sils Maria, Alta Engadina.

Prefazione
«Diffidare sempre dei luoghi comuni»

Regina Bucher
Direttrice della Fondazione Hermann Hesse Montagnola

«Diffidare sempre dei luoghi comuni che oggi più di allora minacciano di offuscare la mente» – queste parole non si riferiscono, come si potrebbe supporre, alla situazione attuale, ma furono scritte da Theodor Heuss e pubblicate più di un secolo fa in difesa di Hermann Hesse su una rivista tedesca.[1] Questa citazione introduce una delle importanti tematiche presentate in questo libro. Proprio come Hermann Hesse, Theodor Heuss seppe sempre rimanere fedele a se stesso, anche se le proprie convinzioni si discostavano dall'opinione comune – una prerogativa che accomunò i due uomini e costituì un importante caposaldo della loro amicizia.

Quando alcuni anni fa ebbi la fortuna di incontrare per caso il Prof. Dr. Ludwig Heuss, nipote di Theodor Heuss, a un evento organizzato presso l'Ambasciata tedesca di Berna, la conversazione cadde ben presto sul rapporto esistito tra Theodor Heuss ed Hermann Hesse. Sapevamo che i due erano rimasti in contatto per molti decenni, ma con stupore dovemmo constatare che non esistevano ancora pubblicazioni che analizzassero in maniera approfondita l'evoluzione e il carattere della loro amicizia.
Venni a sapere che la famiglia possedeva alcuni bei disegni realizzati da Theodor Heuss in parte in Svizzera, rimasti inediti.
Fu così che prese forma l'idea di organizzare una mostra sul tema e di trovare risposte alle domande rimaste in sospeso. Quando e dove si conobbero Hermann Hesse e Theodor Heuss e come era caratterizzata la loro relazione? Con che frequenza si incontrarono di persona? Che rapporto ebbero nei «tempi mutevoli», nei quali la guerra e la dittatura scossero le fondamenta dell'umanità?

La Dr. Eva Zimmermann, su incarico della Fondazione Hermann Hesse Montagnola, ha effettuato ricerche nel Deutsches Literaturarchiv Marbach e nell'Archivio svizzero di letteratura di Berna che custodisce gran parte della corrispondenza tra Theodor Heuss e Hermann Hesse (nel complesso circa 65 lettere e cartoline). Inoltre, nell'archivio di famiglia del Prof. Dr. Ludwig Heuss sono stati rinvenuti libri, fotografie e oggetti appartenuti a Theodor Heuss, oltre a una serie di lettere inedite.
Ludwig Heuss non si è limitato a fornire importanti pezzi da esporre. Ha anche preso contatto con Susanne Franzkeit e Sebastian Schmitt della casa editrice Schwabe Verlag, di Basilea, che hanno reso possibile questa pubblicazione in occasione della mostra. Ludwig Heuss è stato poi così gentile da contribuire al progetto firmando un saggio sull'opera artistica del nonno.
Passando al vaglio la mole del materiale rinvenuto, è stato possibile ricostruire l'amicizia che per più di 50 anni ha legato questi due personaggi contraddistinti da una integrità spirituale e caratteriale e da una grande umanità ed empatia che ancora oggi toccano l'osservatore.

Il progetto è imperniato sul rapporto di amicizia che legò Theodor Heuss e Hermann Hesse. Ovviamente l'importanza che Theodor Heuss rivestì in qualità di giornalista ed editore, docente universitario e primo presidente della Repubblica Federale Tedesca non può essere adeguatamente approfondita in questa sede. Ciò non vuol dire che debba passare sotto silenzio il grande seguito che gli valsero presso il popolo tedesco il suo carattere riflessivo ed equilibrato e la sua umanità, oltre a molti altri aspetti. Nel suo ruolo di presidente federale, seppe dare lustro alla nuova carica, inoltre, nei suoi primi viaggi all'estero, ebbe un ruolo determinante nell'introdurre con autorevolezza la giovane repubblica tedesca nella comunità internazionale.

L'ambasciatore tedesco in Svizzera, il Dr. Norbert Riedel, ha assunto il patrocinio del progetto che ebbe inizio nella sua casa, a Berna. Il Consigliere federale svizzero Ignazio Cassis ha mostrato grande interesse per il tema scrivendo una prefazione per questo libro.

Alle persone qui nominate va riconosciuto il grande merito di averci permesso di realizzare, oltre alla mostra, anche questa pubblicazione che resterà a disposizione degli interessati nelle due versioni tedesca e italiana quando la mostra sarà conclusa.
Un ringraziamento particolare spetta inoltre a tutti coloro che ci hanno aiutato nelle fasi di allestimento e di ricerca.
Urs Kienberger dell'Hotel Waldhaus, a Sils Maria, si è messo alla ricerca di indizi che consentissero di verificare e di documentare, con date precise, l'incontro dei due amici in Engadina; Dora Filli della biblioteca di St. Moritz ha aiutato nella ricerca di fotografie.
Ute Lilly Mohnberg dell'amministrazione della città di Calw ha collaborato nella ricerca di materiale fotografico di Heuss e Hesse nella collezione di Curt Lüttich, e Herbert Schnierle-Lutz ha messo generosamente a disposizione le conoscenze acquisite nell'ambito di un progetto a Calw.
Max Galli ha concesso i diritti di riproduzione delle splendide fotografie di Andreas Pedrett (1892–1977), che immortalano Theodor Heuss e Hermann Hesse in Engadina.
Lukas Dettwiler e Rudolf Probst dell'Archivio svizzero di letteratura di Berna, come in molte altre occasioni, hanno sostenuto con la consueta competenza e disponibilità la ricerca e la preparazione della corrispondenza.
Il Deutsches Literaturarchiv di Marbach am Neckar ha messo a disposizione il suo vasto carteggio e ha autorizzato la realizzazione di facsimili per la mostra e il catalogo.
Il Dr. Ernst Wolfgang Becker e Christiane Ketterle della Fondazione Bundespräsident-Theodor-Heuss-Haus di Stoccarda sono sempre stati al nostro fianco in maniera non burocratica, fornendo informazioni esaustive e importanti dettagli.
Michael Limberg è riuscito a trovare delle rare riprese filmate di Hermann Hesse e Theodor Heuss.

Il sostegno competente e propositivo di Sebastian Schmitt di Schwabe Verlag ha contribuito tanto alla qualità di questa pubblicazione.

Per il sostegno finanziario del libro e della mostra ringraziamo di cuore l'Ambasciata della Repubblica Federale di Germania a Berna, il Comune di Collina d'Oro, la Repubblica e Cantone Ticino (Fondo Swisslos), la Bertha Cohn-Hess Stiftung, la Fondazione Ing. Pasquale Lucchini, la Hermann Hesse-Stiftung di Berna, la Ernst Göhner-Stiftung e la Geschwister Kahl-Stiftung.

fig. 2
Hermann Hesse a Montagnola, 1937.

Discorso di benvenuto

Ignazio Cassis
Consigliere federale, capo del Dipartimento federale degli affari esteri

È per me un onore e un piacere poter offrire il mio sostegno – e quello del Consiglio federale – a questa mostra dedicata alla lunga e profonda amicizia tra due grandi europei che hanno lasciato un segno profondo nella nostra storia: Hermann Hesse, lo scrittore di lingua tedesca più letto nel mondo, e Theodor Heuss, il primo presidente della Repubblica Federale di Germania nel 1949.
È un piacere personale per più di un motivo: l'esposizione è ospitata nel Museo Hermann Hesse di Montagnola, il Comune nel quale sono domiciliato, e uno degli organizzatori è il professor Ludwig Heuss, nipote di Theodor Heuss, che ho conosciuto a Berna nei primi anni 1990, ai nostri esordi nella carriera medica. Rendere omaggio a Hermann Hesse e Theodor Heuss è anche un grande onore. Voglio qui ricordare la loro forza di carattere, il loro impegno morale e la scelta di difendere, attraverso la letteratura, la dignità umana in un periodo storico in cui veniva calpestata dalla guerra e dalla dittatura. L'amicizia che li ha uniti è nata durante la collaborazione, tra il 1913 e il 1917, per la rivista letteraria *März*. Spinti dalla volontà di rimanere liberi e fedeli alle proprie convinzioni, hanno difeso l'indipendenza delle loro pubblicazioni, tra le poche a non essere al servizio della propaganda delle autorità dell'epoca.
Molti anni dopo, al termine della Seconda guerra mondiale, il presidente Theodor Heuss è riuscito a trovare le parole giuste e a fare quanto dovuto per consentire alla Germania di cominciare a ritrovare il proprio posto nella comunità internazionale. L'ex consigliere federale Friedrich Traugott Wahlen aveva giustamente messo in luce questo aspetto durante la sua orazione funebre in memoria di questo amico della Svizzera. Hermann Hesse, dal canto suo, si è opposto nei suoi scritti all'avvento del regime nazista ed è stato per questo censurato in Germania.

È alla fine della guerra che questo autore ha ottenuto il giusto riconoscimento ricevendo il premio Nobel per la letteratura nel 1946 per il romanzo *Il giuoco delle perle di vetro*. Ma è soltanto due anni dopo la sua morte, avvenuta nel 1962, che le sue opere hanno avuto diffusione mondiale e sono diventate parte integrante della storia della letteratura tedesca.
Hermann Hesse ha pagato cara la sua libertà di espressione e la sua condanna del nazionalismo tedesco. A partire dalla metà degli anni 1930 nessun giornale ha più pubblicato i suoi articoli. I vecchi amici gli hanno voltato le spalle. Theodor Heuss, invece, gli è rimasto vicino. Questa amicizia è stata molto importante nella vita dello scrittore, così come lo è stata l'accoglienza ricevuta in Svizzera, e a Montagnola in particolare. Proprio come l'amico Theodor Heuss, anche Hermann Hesse amava molto il nostro Paese e i suoi paesaggi, scoperti nel corso delle lunghe passeggiate che gli piaceva tanto fare.
Vi invito a immergervi nella lettura di questa pubblicazione e a visitare la mostra per conoscere meglio o riscoprire due personalità di grande spessore.

Hermann Hesse, der „vaterlandslose Gesell."

Von Theodor Heuß.

Das „Kölner Tageblatt" hat den schwäbischen Dichter, Hermann Hesse, der seit einigen Jahren in Bern lebt, wegen einiger Aeußerungen zum Krieg angegriffen und uns den Nachweis geführt, daß wir hier unseren deutschen „d'Annunzio-Rappaport" haben. Der Vergleich ist natürlich so unglücklich wie möglich, denn der Italiener ist der Typ des exaltierten rhetorischen Chauvinisten und Hesse in Haltung und Gesinnung gerade das Gegenteil davon — aber immerhin: „d'Annunzio" ist jetzt wohl eines der marktgängigsten Schimpfworte und „sleckt." Einige württembergische Zeitungen haben den Artikel nachgedruckt, und es wird ja nicht fehlen, daß der Dichter nun, nach dem hierzulande üblichen Verfahren, für einige Zeit „geliefert" ist.

Es scheint mir eine einfache Freundespflicht, zu dem Vorgang einiges zu sagen. Ich habe Hesse nicht zu „verteidigen" — denn ich nehme an, er wird sich, wenn ihm die Sache zu dumm wird, selber wehren. Aber ich halte es doch für unerlaubt, mit so grobem Geschütz der moralischen Verdammung anzufahren, ohne daß das Bemühen vorliegt, den inneren Standpunkt des Dichters zu erfassen. Auch ist hier das unvollkommene Zitieren bedenklicher als sonst; wahrscheinlich haben jene, die das „Kölner Tageblatt" nachdruckten, die Artikel, um die es sich handelte, gar nicht gelesen. Leider habe ich die Aufsätze gar nicht mehr zur Hand, um sie unmittelbar reden lassen zu können; aber ihre Gesinnung ist mir noch in klarer Erinnerung. Der Inhalt dieser Arbeiten war Wärme, Erstaunen, Aufgeschlossenheit und Bewunderung. Hesse hat den Kriegsbeginn nicht in Deutschland erlebt, jene Zeit, die uns alle erschütterte. Man mag das als Mangel empfinden. Er ist jetzt erst heimgekommen und sucht sich auf einer Reise im Neuen zurechtzufinden. Und er spricht aus, wie er die Heimat findet: näher, vertrauter, stärker, sachlicher als er geglaubt. Fast macht er sich Vorwürfe, daß er in der Fremde skeptisch gewesen.

Warum war er denn wohl skeptisch gewesen? Weil er Presse und Literatur mit Volk verwechselte. Das ist der sachliche Vorwurf, den man ihm machen könnte. Ihm ging auf die Nerven, wie fast die ganze Dichtung rechtsumkehrt schwenkte und in Kriegskonjunktur machte — wir wissen allmählich doch, wie ungemein mäßig das meiste von dem ist, was dabei herauskam. Er wehrte sich gegen die Phrasenwelt der Leitartikel, die den ungeheuren und traurigen Ernst der Geschehnisse in lautes und oft falsches Pathos verwandelte. Nun sah er, daß diese Schemen, die auch uns in der Heimat,

fig. 3
Neckar-Zeitung del 1° novembre 1915 (traduzione del testo completo, vedi p. 114 ss).

Discorso di benvenuto

Norbert Riedel
Ambasciatore della Repubblica Federale di Germania in Svizzera

In qualità di ambasciatore della Repubblica Federale di Germania in Svizzera che non ha alcuna intenzione di rinnegare le proprie origini sveve, ho accolto con particolare soddisfazione la notizia dell'allestimento della mostra *Hermann Hesse e Theodor Heuss – un rapporto di amicizia in tempi mutevoli* al Museo Hermann Hesse di Montagnola.
Questi due grandi tedeschi furono accomunati da un grande rispetto reciproco e da un'amicizia indissolubile. L'uno fu un «politico che non pensa storicamente, bensì un artista, un poeta»[2] (Heuss su Hesse). L'altro un pubblicista liberale con i piedi per terra e un professore politicamente impegnato, destinato a diventare uno dei padri fondatori della Repubblica Federale appena costituita.
Oltre alla letteratura, fu soprattutto il comune retaggio svevo a unirli. Ne derivò una forza di carattere che anche in tempi difficili li portò a restare fedeli alle proprie convinzioni. Fu Heuss, che nella Prima come nella Seconda guerra mondiale non prese mai in mano un'arma, a difendere Hesse, all'epoca residente a Berna, dall'accusa sollevata in Germania di essere un «senza patria», solo perché «apprezzava più la pace della guerra».[3]
In quel periodo, dalla sua residenza in Svizzera, Hesse dirigeva il servizio di fornitura di libri ai prigionieri di guerra tedeschi. Alla fine furono spediti quasi mezzo milione di volumi «in collaborazione con l'Ambasciata tedesca di Berna e la Croce Rossa».[4]
Al termine della guerra, Hesse ricevette dal governo tedesco una «ricompensa a titolo onorifico»[5] nella misura di 5000 franchi per il suo contributo all'assistenza dei prigionieri di guerra tedeschi.
Nel 1937 fu di nuovo Theodor Heuss l'unico in Germania a commemorare pubblicamente il 60° compleanno dello scrittore, nonostante lui stesso, da lì a poco, sarebbe stato costretto a

pubblicare sotto pseudonimo. Nel frattempo Hesse, entrato a far parte della Società Svizzera degli Scrittori che lo metteva al riparo dalle possibili ripercussioni della politica culturale nazionalsocialista, riusciva ad adoperarsi fattivamente per i colleghi scrittori emigrati dalla Germania. Qui i suoi scritti erano ormai considerati indesiderati e ne era vietata la ristampa.
Negli anni un assiduo carteggio tenne in vita l'amicizia nonostante la distanza. Con l'età, giunsero infine i meritati premi e riconoscimenti per l'impegno profuso da entrambi in ambito politico e culturale: Hesse fu insignito del più importante premio letterario del mondo, mentre Heuss fu investito della più alta carica della Repubblica Federale di Germania appena costituita.
Quando osservo le fotografie che li ritraggono con il cappello di paglia in testa, seduti all'ombra su di una panchina al limitare del bosco, lo sguardo rivolto verso il lago, intenti a discorrere in dialetto sugli accadimenti europei, non ho dubbi: entrambi avrebbero accolto con soddisfazione l'idea di una mostra comune proprio qui a Montagnola, un'emozione che avrebbero sicuramente cercato di dissimulare in ossequio al proverbiale riserbo svevo.

Note

1 — Theodor Heuss, *Hermann Hesse, der «vaterlandslose Gesell»*, in: *Neckar-Zeitung* del 1° novembre 1915.

2 — *Ibid.*

3 — Hermann Hesse: *In eigener Sache*, in: *Neue Zürcher Zeitung* del 2 novembre 1915. In: *Hermann Hesse, Politik des Gewissens*, vol. I, a cura di Volker Michels, Francoforte, 1977, p. 120.

4 — Conrad Haußmann, *Im Fall Hermann Hesse*, in: *Stuttgarter Neues Tagblatt* del 3 novembre 1915. In: *Hermann Hesse, Politik des Gewissens*, cit., vol. I, p. 123.

5 — Politisches Archiv des Auswärtigen Amts, Berlino. Cfr. anche Thomas Feitknecht, *Hermann Hesse in Bern*, Berna, Göttingen, Toronto, Seattle 1997, p. 29.

fig. 4
Theodor Heuss, 1906.

Hermann Hesse e Theodor Heuss – Un rapporto di amicizia in tempi mutevoli

Eva Zimmermann

«Dovremmo trovarci una volta a discutere per un'intera serata!» L'epoca antecedente la Prima guerra mondiale

«Al tavolo accanto siede Hermann Hesse, con cui intrattengo un rapporto d'amicizia ormai da quasi mezzo secolo»[1], scriveva Theodor Heuss nel 1957 dall'Hotel Waldhaus di Sils Maria, dove entrambi trascorrevano alcuni giorni di vacanza, costellati di passeggiate e lunghe ore di intensa conversazione, come testimoniano i racconti di vari osservatori sbalorditi. Quel periodo trascorso insieme rappresentò forse il culmine di un'amicizia che li aveva uniti per anni: dai primi contatti professionali tra due giovani letterati ai successivi, tardi incontri fra un premio Nobel e un presidente della Repubblica Federale Tedesca.

L'inizio del loro rapporto fu segnato dalla recensione di *Sotto la ruota*, il nuovo romanzo di Hermann Hesse, che il ventunenne Theodor Heuss pubblicò alla fine del 1905 sulla rivista liberale berlinese *Die Hilfe–Zeitschrift für Politik, Wirtschaft und geistige Bewegung*. Benché il redattore alle prime armi avesse studiato economia e palesasse già un marcato interesse per la politica, sin da giovane aveva mostrato una grande predilezione per l'arte e la letteratura, settori in cui aveva acquisito conoscenze profonde, tanto che la critica letteraria divenne una costante della sua varia e molteplice attività giornalistica. Negli anni successivi seguì con interesse la carriera dello scrittore, noto già dall'uscita di *Peter Camenzind*, presentando al pubblico tutte le sue pubblicazioni con giudizi positivi anche se mai acritici.

Sin dalle prime recensioni Theodor Heuss, nato nei pressi di Heilbronn, aveva messo in luce le comuni origini sveve quale elemento di affinità con Hermann Hesse, lo scrittore che aveva preso a considerare sempre più come il nuovo esponente della lunga tradizione letteraria della loro terra. Per esempio, parlando della raccolta di racconti uscita nel 1906 con il titolo *Diesseits* [Da questa parte], le cui storie si alimentavano dei ricordi di Hesse relativi agli anni giovanili trascorsi a Calw, lodava la plasticità delle descrizioni di luoghi e persone e concludeva: «Non posso che elogiare quest'opera e consigliarne caldamente la lettura. Forse sono l'appartenenza alla stessa terra e l'origine comune a farmi sentire così vicino all'autore, ai suoi protagonisti, ai suoi paesaggi. E poi il fatto che questo libro sia assolutamente privo di sentimentalismi e meditazioni (il rischio di cadervi, con un soggetto del genere, probabilmente è assai grande) e che veda la luce da una pura visione artistica. Hesse ha portato nell'arte moderna un'essenza poetica nuova che, nelle mani di incapaci o non addetti ai lavori, potrebbe diventare pericolosa. Nelle sue opere si presenta invece come una continuazione libera, autocreativa, della nostra migliore tradizione».[2]

Pochi anni dopo Theodor Heuss pubblicò *Sieben Schwaben, ein neues Dichterbuch* [Sette svevi, una nuova raccolta letteraria], in cui presentava alcune brevi prose di sette scrittori svevi a lui contemporanei introdotte da una lunga prefazione. Accanto ad autori oggi quasi dimenticati come Ludwig Finckh, Cäsar Flaischlen o Auguste Supper, figurava anche Hermann Hesse, descritto come un esteta «molto sensibile, che ha imparato a dominare i suoi strumenti con un senso intelligente e sottile della lingua».[3]

Successivamente, il carteggio tra lo scrittore e il critico letterario testimonia di una vivace disputa, accesa poco tempo dopo dal giudizio espresso da Heuss sul romanzo *Gertrud*. Il tono della recensione era cortese, obiettivo e partecipe, vivacizzato da piccole notazioni pungenti, ma sempre sollecito nel mirare allo scambio reciproco e alla mutua comprensione. Theodor Heuss inaugurava il commento elogiando il romanzo, per poi lamentarvi un «tono in certo qual modo aspro».[4] Hesse rispose a questa osservazione con una lettera che non nascondeva,

fig. 5
Theodor Heuss (a cura di), *Sieben Schwaben, ein neues Dichterbuch*, casa editrice Eugen Salzer, Heilbronn 1910.

almeno nelle righe iniziali, un certo malumore: «Stimato signor Heuss, non sono un uomo che non sopporti le critiche. Ha perfettamente ragione quando critica noi autori e, da esperto di economia politica, assume un punto di vista pratico e asettico – una novità assolutamente benvenuta». Seguiva il ricordo della sua salute per anni cagionevole, che tuttavia non gli aveva mai impedito di usare «un tedesco chiaro e limpido», e concludeva pregandolo, lui che stimava «come lettore serissimo», di modificare «il suo giudizio su questo punto centrale, magari in forma del tutto privata[...]», e dunque anche senza dirglielo.[5]

Due giorni dopo Theodor Heuss rispose con una lunga e dettagliata lettera in cui spiegava nuovamente il proprio punto di vista, rimarcava la stima per i lavori di Hermann Hesse e invitava lo scrittore ad azzardare opere più imponenti per «ampiezza ed eccellenza» sull'esempio di Flaubert. Concludeva poi con una nota conciliante: «Non se ne abbia a male se mi sono diffuso così tanto nei particolari. Davvero questa lettera non aspetta risposta, ma ha lo stesso scopo della sua: eliminare un malinteso, che mi troverei a rimpiangere».[6]

Ciononostante due giorni dopo Hesse gli rispose: «Stimatissimo signore, grazie mille per le sue parole equilibrate e benevole. Dovremmo trovarci una volta a discutere per un'intera serata!». E, benché non potesse promettergli di diventare il Flaubert tedesco, lo scrittore concludeva la lettera rivolgendosi a Heuss in tono garbato: «In ogni caso, la ringrazio di cuore per la sua serietà, si impara molto dalle sue critiche e dal suo modo di vedere! Con profonda stima, Suo H Hesse».[7]

Questo contraddittorio è la prova esemplare di una cultura positiva del confronto, contraddistinta non dall'arroganza di considerarsi sempre dalla parte della ragione, ma dalla stima reciproca e dalla disponibilità ad accettare opinioni diverse. Al contempo, la garbata, conciliante conclusione della lettera rappresentò senz'altro un passo importante sulla strada che avrebbe trasformato un rapporto professionale in una relazione di carattere soprattutto privato.

È probabile infatti che, fino a quel momento, alla comunicazione epistolare non fosse seguito nessun incontro di persona. Pare che nel 1908 Theodor Heuss avesse tentato di andare a trovare Hermann Hesse a Gaienhofen, ma la risposta dello scrittore era stata talmente poco incoraggiante che la visita probabilmente non aveva mai avuto luogo: «Prego, faccia come crede meglio», aveva scritto. «Appuntamenti non posso fissarne, sono quasi sempre ammalato, e ogni giorno arrivano ospiti. Se vuole arrischiarsi, faccia pure un tentativo – Con i migliori saluti, H Hesse».[8] Nel 1912 fu invece Elly Heuss-Knapp a far visita, senza suo marito, a Hermann Hesse e a sua moglie Mia sul Lago di Costanza.[9] Non disponiamo di notizie più dettagliate, ma è certo che da quel momento anche lei fu inclusa nei saluti che chiudevano ogni lettera: accadde per la prima volta nell'agosto del 1912, quando Hesse ringraziò per una recensione della sua raccolta di racconti *Umwege* [Vie traverse].

Nel 1912 Theodor Heuss si trasferì da Berlino a Heilbronn e il primo aprile accettò il posto di caporedattore della *Neckar-Zeitung*. Responsabile in prima persona del settore politica e della terza pagina, perseguiva lo scopo di porre il giornale «al servizio del libero sviluppo del popolo e della forza nazionale».[10] Inoltre, per la prima volta cercò di crearsi una base elettorale nell'ambiente d'origine, al fine di presentare la propria candidatura alle elezioni per il parlamento del Regno di Württemberg dell'autunno 1912. L'obiettivo fu centrato, ma poi Heuss, liberale di sinistra, nel collegio elettorale di Backnang perse il confronto con un candidato conservatore.

Nonostante il fallimento del suo primo tentativo di ottenere un mandato politico, Heuss non si lasciò scoraggiare. Sfruttò invece l'attività giornalistica per mettersi in luce come esponente di un indirizzo nazionalista e democratico e guadagnare notorietà a livello di opinione pubblica. Di conseguenza l'anno successivo, oltre al posto di caporedattore, accettò l'offerta di Conrad Haußmann, noto uomo politico democratico e deputato al parlamento nazionale, che gli propose di curare la pubblicazione del settimanale di Monaco *März*. Il nome della rivista ricordava i moti rivoluzionari liberali e borghesi del marzo 1848,

fig. 6
Hermann Hesse, a Gaienhofen,
Lago di Costanza, 1908 ca.

ma rimandava idealmente anche alla primavera e al concetto di rinascita. L'impostazione data al periodico nel 1907 dal suo fondatore, l'editore Albert Langen, era quella di un quindicinale politico-culturale di stampo liberale con un indirizzo locale, legato alla Germania meridionale, e insieme internazionale. Linee guida conformi alle aspettative dello stesso Hermann Hesse, che dunque si era lasciato convincere da Ludwig Thoma a collaborare curando le pagine letterarie. Hesse vi pubblicava anche articoli di commento e racconti usciti dalla sua penna, nonché lunghe rassegne librarie mensili con vari consigli di lettura. La morte precoce di Albert Langen nel 1909 significò anche la scomparsa dei contributi degli autori internazionali. Dal gennaio 1911 *März* aveva preso a uscire con scadenza settimanale e a pubblicare molti più articoli di carattere politico e meno testi di argomento culturale, letterario e scientifico. Spesso anche l'uscita dei contributi di Hermann Hesse veniva posticipata o cancellata del tutto, tanto che nel 1912 lo scrittore aveva cessato la propria attività di redattore della rivista e ridotto notevolmente il numero dei suoi interventi.

Dal canto suo nel giugno 1913, assumendo da Heilbronn la direzione di *März*, probabilmente Theodor Heuss era invece interessato proprio alla funzione di megafono politico rivestita da una rivista che, sotto la sua gestione e grazie all'influenza di Conrad Haußmann, si trasformò in un settimanale di indirizzo nazional-liberale. Ma arte e letteratura dovevano continuare a essere presenti: e quando Heuss chiese a Hermann Hesse di continuare a inviare i propri contributi letterari, lo scrittore rispose: «Auguro di cuore a *März* tutto il meglio, anche solo perché Haußmann ci tiene molto. Ma non credo possibile che la rivista torni a dare particolari risultati a livello letterario. Come settimanale non ha spazio per racconti più lunghi, i testi in cui la forza del talento tedesco riesce a trovare la migliore espressione [...] Di fatto *März* [...] con la trasformazione in settimanale, ha perduto il proprio carattere letterario e, a prescindere da qualche saggio o articolo di buon livello, non ha pubblicato più nulla di letterariamente significativo.

In breve, non credo che *März*, nella sua forma attuale, abbia un futuro letterario. I politici gli hanno dato un'impostazione che non permette di fare buona letteratura, dunque è bene che ormai difenda e conservi il proprio carattere politico. Solo un ambito della letteratura, vale a dire la poesia, potrebbe essere debitamente rappresentato sulle pagine di *März* nella sua forma attuale. Questa, in poche parole, è la mia opinione sulla natura letteraria di *März*».[11]

Tuttavia Hermann Hesse continuò a collaborare con la rivista. Non pubblicò più nessuna lunga recensione libraria né racconti, solo brevi prose, poesie o giudizi critici su riedizioni di libri più vecchi. Non influì sull'ulteriore evoluzione del giornale né sul suo indirizzo. Decenni dopo Theodor Heuss avrebbe ricordato: «Personalità vigorosa, Thoma aveva la calligrafia regolare e rétro di una donna di cultura; Hesse, invece, inviava le sue glosse e le sue liriche splendide scritte con una macchina da scrivere non proprio impeccabile sul retro di fogli strappati dalle agende – parsimonioso come solo uno svevo può esserlo!»[12]

Un primo, fugace incontro fra Theodor Heuss e Hermann Hesse ebbe forse luogo in occasione di un raduno della redazione di *März* a Monaco, al ristorante italiano Gusmaroli in Isartorplatz; così almeno pareva ricordare Wilhelm Hausenstein, anche lui collaboratore della rivista.[13] Oppure si videro per la prima volta quando Hesse fece visita a Heuss a Heilbronn nell'aprile del 1912, incontro per il quale esistono testimonianze.[14] Quel che è certo, tuttavia, è che il primo, intenso colloquio fra loro avvenne nell'estate del 1913, quando Theodor Heuss, durante un viaggio in Svizzera, trascorse un pomeriggio a casa di Hermann Hesse a Berna. Erano passati quasi dieci anni dalla recensione di *Sotto la ruota*. Si è a conoscenza di un'ulteriore visita di Hesse a Heuss nel gennaio 1914, e sarebbero trascorsi altri trentasette anni prima che si rivedessero, nel 1951, a Montagnola. Una vita intera separava quei due incontri, ma in quei tempi difficili e mutevoli il contatto non fu mai interrotto, continuò a vivere in forma scritta, con le lettere, gli articoli, i libri.

«Perché si senta qualcos'altro, oltre al chiasso e al tintinnar di sciabole». La Grande guerra e l'epoca successiva

Lo scoppio della Prima guerra mondiale nell'agosto del 1914 segnò l'inizio di grandi cambiamenti. Nell'impero tedesco si impose uno «sciovinismo» acritico e un entusiasmo generalizzato per la guerra: la Germania si considerava vittima dell'aggressione nemica, soprattutto da parte di Russia, Francia e Gran Bretagna, ma era certa di ottenere una rapida e imminente vittoria. Da Berna, Hermann Hesse non condivideva quegli umori. Ciononostante, già nel mese di agosto anche lui si sentì in dovere di presentarsi al consolato tedesco per partire volontario. Fu riformato a causa della sua forte miopia: un giudizio che le autorità tedesche addette al reclutamento confermarono più volte negli anni successivi. A partire dal giugno 1915 ebbe l'opportunità di lavorare per l'assistenza ai prigionieri di guerra presso la legazione tedesca di Berna e di fornire libri e letture ai soldati tedeschi internati in Francia. In principio, il suo atteggiamento verso la guerra fu ambivalente. Se da un lato era contento dei successi militari riportati dalla Germania e considerava gli effetti del conflitto sulla popolazione come una sorta di purificazione morale, dall'altro non chiudeva gli occhi di fronte al dolore e alle pene che la guerra causava ovunque alla gente comune. Dovette inoltre assistere alla trasformazione di ex colleghi e amici come Ludwig Thoma o di collaboratori di *März* e del settimanale satirico *Simplicissimus* in ardenti nazionalisti, in accesi sostenitori della guerra anche a livello pubblicistico. Ludwig Thoma, per esempio, in una serie di caricature uscite nell'ottobre 1914, aveva preso di mira il pittore svizzero Ferdinand Hodler, colpevole di aver firmato una lettera di protesta contro il bombardamento della cattedrale di Reims da parte dell'artiglieria tedesca. Nel gennaio 1915 Hesse dichiarò a Theodor Heuss di essere profondamente contrario alla campagna nazionalista, sostenendo la necessità di conservare la propria facoltà di discernere, nonché quell'atteggiamento umano cui intendeva continuare a dar voce nei suoi contributi: «Sul *März* non voglio metter bocca», affermò; «la prego soltanto di concedermi di tanto in tanto lo spazio per una rassegna libraria, perché si senta qualcos'altro, oltre al chiasso e al tintinnar di sciabole. Thoma mi è caro come sempre, ma da quando il *Simplicissimus* si è votato al nazionalismo e lui ha liquidato Hodler con tanta ferocia, non riesco più a prenderlo sul serio. Se nella Germania futura sarà questo il modo di mettere a tacere l'avversario, diventerò svizzero. Dovremmo essere proprio noi a non tollerare che le cose si mettano come dopo il [18]70.

Ma, come ho già detto, per quanto mi riguarda non desidero altro che avere ogni tanto una colonna in cui poter fare come se ragione e spiritualità continuassero a vivere nella forma consueta. In tema di guerra, accordo a ogni soldato qualsiasi genere di odio, di entusiasmo, persino di brutalità; ma al letterato che resta a casa non lo permetto. O perlomeno, io non mi renderò corresponsabile».[15]

Allo scoppio della guerra, anche Theodor Heuss fu riformato dal servizio militare per una lesione alla spalla risalente alla gioventù, pertanto poté continuare a esercitare le attività di caporedattore della *Neckar-Zeitung* e di direttore e giornalista di *März*. Diversamente da Hermann Hesse, aderì all'iniziale euforia bellica, pubblicando articoli che celebravano le prime vittorie tedesche e riferivano del «grande slancio interiore del popolo», senza tuttavia cedere agli eccessi sciovinisti. Percepiva infatti le perdite inaspettatamente alte tra i soldati come un dolore personale. La guerra, scriveva, aveva «ucciso <u>tutti</u> coloro che [gli] erano stati cari sin dalla prima infanzia o dagli anni dello studio, più vicini dei [suoi] fratelli».[16] Tuttavia non metteva in dubbio la giustezza del conflitto e fu convinto della vittoria tedesca sino a poco prima della fine. Così, la *Neckar-Zeitung* sostenne l'idea ampiamente diffusa che la Germania fosse coinvolta in una guerra difensiva, nonché la necessità di una «tregua nella lotta politica» che, per la durata del conflitto, mettesse fine a ogni critica rivolta al governo del Reich e al comando delle forze armate.[17]

Analogo fu l'atteggiamento tenuto da *März*, tanto che il settimanale si conformò in tutto al «consenso patriottico» generalizzato, anche se Theodor Heuss, appoggiato da Conrad Haußmann, cercò di conservarne il più possibile il carattere liberale. Ciononostante, pur continuando a scrivere contro il nazionalismo esagerato, Heuss pubblicò sulla rivista anche qualche articolo propagandistico e, diversamente da Hesse, condannò Ferdinand Hodler per aver firmato la lettera di protesta. Di fronte all'idea di rimuovere un dipinto del pittore dall'auditorium maximum dell'università di Jena, proposta avanzata da un professore violentemente fazioso, si disse però contrario definendolo un gesto indegno di un popolo civilizzato.[18]

Il punto di vista di Theodor Heuss sulla posizione della Germania nel conflitto coincideva dunque essenzialmente con l'opinione generale, che lui non mise mai in dubbio sin quasi alla fine della guerra. Tuttavia, la moderazione e la capacità di discernere lo preservarono dall'assumere posizioni estreme, distinguendosi in questo sia da Ludwig Thoma, che divenne un fervente nazionalista, sia da Hermann Hesse, che nel corso dei quattro anni di guerra si trasformò in antimilitarista. La metamorfosi cominciò già dopo pochi mesi, determinata dal numero inaspettatamente elevato di vittime. Inoltre, Hesse era disgustato dalla propaganda di guerra e dalla campagna denigratoria contro i paesi nemici diffusa ovunque, anche in Germania. Già nel novembre 1914, in un primo articolo dal titolo *Non questi toni, amici!*, prese a fare appello a tutte le persone assennate, ragionevoli e colte perché tutelassero i valori culturali, spirituali e sovranazionali dell'Europa.[19] In seguito Theodor Heuss avrebbe ironizzato sul suo ruolo da mediatore fra Thoma e Hesse: «Per usare il linguaggio della semplificazione: il primo era diventato militarista, il secondo pacifista, due profeti ‹e in mezzo a loro il laico›».[20]

In quanto intellettuale esonerato dal servizio militare, anche Heuss voleva fare la sua parte per difendere il paese non solo nella sua unità territoriale, ma anche dal punto di vista della ricchezza spirituale e culturale che considerava la vera garanzia di una

fig. 7
Theodor Heuss, *Schwaben und der deutsche Geist*, casa editrice Reuß & Itta, Costanza 1915.

Germania rinnovata al termine del conflitto. Si colloca in questo contesto un libriccino dal titolo *Schwaben und der deutsche Geist* [La Svevia e lo spirito tedesco] che Theodor Heuss pubblicò nell'estate del 1915 all'interno della collana *Die Teile der deutschen Einheit* [Le parti costitutive dell'unità tedesca]. Portando l'esempio di Friedrich Schiller, Friedrich Hegel, Friedrich List e Gustav Pfizer, metteva in luce come le opere dei poeti, dei teorici e dei filosofi svevi dell'Ottocento avessero stimolato il crescente desiderio della borghesia di fondare uno stato nazionale tedesco unificato e conquistare i diritti civili. E, ricordando le premesse storiche di questo sviluppo, Heuss tratteggiava anche un profilo delle proprie origini: «Pfizer cresce respirando l'aria del liberalismo tedesco meridionale che, dall'eredità spirituale della Rivoluzione francese, sviluppa lentamente una voce politica propria. Non dobbiamo dimenticare che gli stati membri dell'antica Confederazione del Reno, a differenza della Prussia post-federiciana, non avevano mai considerato Napoleone come colui che aveva umiliato la storia patria [...] Tutte le richieste di libertà di stampa, di pensiero, di vita costituzionale erano pretese ovvie, patrimonio comune dell'élite culturale».[21]

Tuttavia, nonostante la tolleranza e la moderazione che caratterizzano l'opera, Theodor Heuss concludeva il libello con toni patetici a lui insoliti, dovuti alla guerra e agli umori che regnavano nel paese: «Tra gli alfieri della nuova Germania, per la quale la grande guerra sta dissodando il terreno, figurano anche le forze storiche dell'intellettualità sveva: l'impeto di Schiller e la sua idea universalmente valida dell'essenza tedesca, la dottrina hegeliana della dignità dello stato, la profonda compenetrazione, in Pfizer, tra pensiero liberale e patriottico, nonché la sua sensibilità per il potere, e infine la poderosa, commovente fede di List nella conquista del mondo da parte dei lavoratori tedeschi».[22]

Cosa avrà pensato di queste parole Hermann Hesse, lui che nell'estate del 1915 cercava ancora nella guerra un aspetto positivo, uno stimolo alla maturazione etica, alla purificazione morale? Hesse pubblicò sulla *Neue Zürcher Zeitung* una recensione del libro, che elogiò come un ottimo studio, chiaro e accessibile, valido soprattutto «per noi liberali originari del sud del Paese» (come scrisse includendo nel novero anche se stesso). Hesse menzionava l'importanza riconosciuta a Napoleone per l'unificazione tedesca e metteva in luce l'«apprezzamento» dell'influenza sveva «nell'ambito della vita intellettuale tedesca», un apprezzamento giusto, «per nulla segnato da tratti di patriottismo locale». Anche lui, sulla scia dell'autore, considerava il libriccino un contributo spirituale e morale in vista della futura fisionomia da dare al paese dopo la guerra e lo consigliava «a tutti coloro – e sono molti – che amano il carattere tedesco e hanno a cuore il suo futuro, senza tuttavia farsi accecare dallo spirito imperante del momento».[23]

Da queste parole emerge la crescente distanza interiore che separava sempre più Hesse dalla stampa acritica e nazionalista che dominava lo spazio pubblico in Germania. Negli articoli pubblicati sui vari giornali, tuttavia, lo scrittore si sforzava di mantenere un tono neutro, riuscendo comunque ad esprimere calore umano e compassione per gli effetti della guerra sulla sorte del singolo individuo. Fu questo suo atteggiamento a provocare l'uscita di molti articoli in cui gli anonimi autori lo accusavano di mancanza di patriottismo. Alla fine di ottobre 1915 il *Kölner Tageblatt* pubblicò un testo anonimo in cui Hermann Hesse veniva insultato e definito un «imboscato», un «senza patria» di cui «la splendida Svevia e il suo popolo» non potevano «ormai andare più fieri».[24] Il pezzo fu ristampato da vari giornali del Württemberg e obbligò Theodor Heuss a pubblicare sulla *Neckar-Zeitung* un lungo contributo in cui illustrava i motivi delle critiche rivolte allo scrittore e ne analizzava la legittimità. Heuss difendeva Hermann Hesse dall'accusa di essere un «imboscato» e di non prestare il servizio militare, ricordandone l'opera in favore dell'assistenza ai prigionieri di guerra. Inoltre ne giustificava l'atteggiamento scettico verso la Germania, motivandolo con il soggiorno in Svizzera, con la sua avversione per il vuoto pathos degli articoli pubblicati sui giornali tedeschi e con l'estrema mediocrità della letteratura bellica. Heuss affermava che nella poesia e nell'opera di Hermann Hesse si coglieva

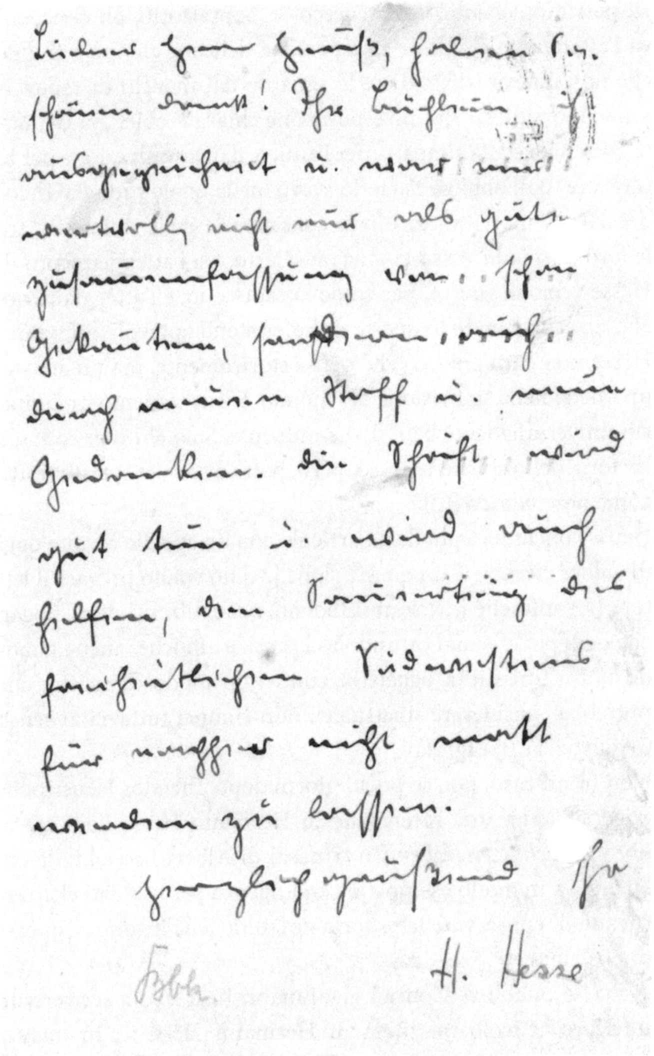

Lieber Herr Heuss, haben Sie
schönen Dank! Ihr Büchlein ist
ausgezeichnet u. war mir
wertvoll nicht nur als gute
Zusammenfassung von schon
Gekanntem, sondern auch
durch neuen Stoff u. neue
Gedanken. Die Schrift wird
gut tun u. wird auch
helfen, den [illegible] des
geschichtlichen Widerstands
für nachher nicht [illegible]
werden zu lassen.

Herzlich grüßend Ihr

H. Hesse

Bbh.

fig. 8
Cartolina postale di Hermann Hesse a Theodor Heuss, 30 luglio 1915. (Hermann Hesse si riferisce al volume *Schwaben und der deutsche Geist* edito da Theodor Heuss): «Caro signor Heuss, le mando il mio sentito ringraziamento! Il suo eccellente libriccino mi è risultato prezioso, non solo perché riassume ottimamente le cose già note, ma anche come raccolta di nuovi materiali e spunto per nuovi pensieri. […]
Con i più cordiali saluti il suo H. Hesse».

«il patrimonio antico del tedesco» e, soprattutto, gli concedeva l'attenuante di essere una persona delicata, miope e fragile che non poteva «distogliere lo sguardo dai mucchi di cadaveri senza inorridire». Era un'esposizione chiara e obiettiva dei fatti, sostenuta dalla simpatia per l'amico, dall'ammirazione per lo scrittore, dall'obbligo verso lo svevo, nella quale tuttavia Theodor Heuss mostrava di essere consapevole delle differenze tra le loro posizioni verso la guerra: «Certo, tra l'atteggiamento di Hesse verso la guerra, per come lo capisco io, e l'atteggiamento che sto esprimendo in queste righe, esistono notevoli differenze. Hesse non è un politico che pensa storicamente, ma un artista, un poeta: nella sua visione del mondo, l'orientamento umanitario universalistico è ben vivo e influente. Solo chi non conosca la storia dello spirito tedesco, però, potrà avvertire questo tratto come non tedesco [...]».

Heuss concludeva poi il suo articolo con un appello ancora oggi di valore eterno: «Con queste righe [...] ho voluto pregare il lettore [...] affinché [...] resti diffidente nei confronti degli slogan che oggi più che mai ottundono i sensi, e affinché, anche quando nutra un'ostilità oggettiva contro un modo di sentire che potrebbe considerare ‹inattuale›, non rinunci tuttavia al senso di giustizia e di dignità».[25]

Non fu un caso, poi, se pochi giorni dopo Theodor Heuss pubblicò su *März* una recensione di Hermann Hesse dedicata al libro *Im Schützengraben* [In trincea] di Albert Leopold, da cui emergeva in modo esemplare l'indulgenza per i soldati che cercavano di conservare la propria umanità nella logorante guerra di posizione.[26]

A livello pubblico, Conrad Haußmann fu il solo a scrivere un ulteriore articolo in difesa di Hermann Hesse e, in quanto avvocato, a intentare una causa per diffamazione nonché chiedere alla stampa di pubblicare repliche e rettifiche. In privato, invece, fu lo stesso Hesse a chiedere a Theodor Heuss di diffondere tra i conoscenti svevi l'articolo che aveva scritto in sua difesa.

«Hesse mi inviò una lunga lista di indirizzi di pastori e vedove di pastori a cui inviare il mio saggio», scrisse. «Quell'immagine dell'uomo perduto e scacciato non doveva incidersi nella coscienza di coloro con cui aveva familiarità e amicizia. Gli stava molto a cuore la ‹reputazione› di cui godeva in patria».[27]

Il pronto sostegno pubblico offerto da Theodor Heuss per contrastare le accuse mosse dalla stampa a Hermann Hesse contribuì senza dubbio in modo decisivo a incrementare la loro stima reciproca e l'amicizia privata. Sino alla fine del 1917, quando *März* fu chiuso per ragioni economiche, continuò a esistere fra loro anche un debole legame professionale. Poi, per circa vent'anni, non si ha testimonianza di nessuno scambio epistolare; questo non significa che non ci sia stata tra i due una qualche forma di corrispondenza. Sappiamo, per esempio, che nel 1919 Theodor Heuss pubblicò sulla rivista *Vivos voco*, co-edita da Hermann Hesse, un articolo dedicato al Werkbund[28] e che entrambi continuarono a seguire le reciproche pubblicazioni e gli interventi pubblici. Tuttavia le loro strade si divisero, tanto che, a quanto pare, per molto tempo tra loro non ci fu più nessun contatto degno di nota.

fig. 9
Theodor Heuss deputato del Reichstag, 1924.

Fra critica e adeguamento – L'epoca del nazionalsocialismo

All'inizio del 1918 Theodor Heuss si trasferì nuovamente a Berlino dove fu impegnato in numerose attività, dividendosi fra la politica, la stampa e l'insegnamento. Alla fine dell'anno entrò a far parte della Deutsche Demokratische Partei, lo schieramento liberale fondato da Friedrich Naumann, uno dei tre partiti rimasti fedeli all'idea repubblicana nell'epoca di Weimar. Oltre a impegnarsi attivamente nella politica comunale berlinese, durante gli anni successivi assunse la direzione di varie riviste vicine al suo partito. Nel 1924 ottenne per la prima volta un seggio al parlamento nazionale che mantenne con alcune interruzioni fino al 1933. Inoltre, a partire dal 1920 insegnò alla Scuola superiore di politica di Berlino e, dal 1918, fu per quindici anni nel consiglio d'amministrazione del Deutscher Werkbund, l'organizzazione che si batteva per modernizzare e migliorare la qualità dei prodotti dell'industria e dell'artigianato tedesco. Per contro, dal 1916 Hermann Hesse attraversò una profonda crisi esistenziale, nel 1919 abbandonò la famiglia, si trasferì nel cantone Ticino e scrisse i suoi racconti oggi più famosi: *L'ultima estate di Klingsor* (1920), *Siddharta* (1922), *Il lupo della steppa* (1927) e *Narciso e Boccadoro* (1930), testimonianze di una presa di coscienza delle molte sfaccettature della propria personalità. Nel 1924 cambiò per l'ultima volta nazionalità e acquisì la cittadinanza svizzera, rimanendo fedele a Montagnola, la sua residenza elettiva, fino alla morte avvenuta nel 1962. Dal punto di vista politico, dopo le esperienze del primo conflitto mondiale si professò oppositore convinto della guerra e del nazionalsocialismo. Grazie alla residenza in Svizzera e ai numerosi contatti che intratteneva sia in Germania, sia a livello internazionale, riconobbe presto il pericolo che il rafforzarsi dei nazionalsocialisti rappresentava per la giovane Repubblica di Weimar.

Theodor Heuss contrastò l'evolversi della situazione politica cimentandosi in accesi dibattiti nel consiglio comunale berlinese e al Reichstag; nel 1932 pubblicò lo studio di carattere storico-politico dal titolo *Hitlers Weg* [Il cammino di Hitler] dedicato all'evoluzione della NSDAP (Partito Nazionalsocialista Tedesco dei Lavoratori), di cui tuttavia, come si sarebbe rimproverato in seguito, non riconobbe la portata delle finalità fondamentalmente antidemocratiche e dittatoriali che perseguiva. Quella valutazione errata lo portò, nel marzo 1933, anche a scegliere di approvare la Legge dei pieni poteri che trasferiva il potere legislativo totalmente nelle mani del nuovo cancelliere, Adolf Hitler, conferendo un'impronta di legalità a tutte le successive leggi e misure che avrebbero ampliato l'autorità dei nazionalsocialisti. Si pentì del voto favorevole già il giorno dopo, e quel consenso sarebbe stato una colpa che negli anni a venire gli sarebbe stata più volte rinfacciata. Durante i mesi successivi perse i seggi nel consiglio comunale di Berlino e al Reichstag, nonché il posto di docente alla Scuola superiore di politica; il consiglio del Deutscher Werkbund di cui faceva parte, invece, si dimise in blocco prima che l'organismo fosse allineato e inglobato nelle organizzazioni del regime. L'unica attività pubblica che poté continuare a esercitare fu la collaborazione malpagata con *Die Hilfe*. Tenendo un atteggiamento a metà strada fra la critica e l'adeguamento, cercò di evitare che la pubblicazione della rivista venisse proibita. Tuttavia, dopo molti richiami da parte del ministero per la Propaganda, alla fine del 1936 Theodor Heuss dovette rinunciare anche al posto di direttore della rivista.

Dopo un'iniziale tolleranza da parte nazionalsocialista, Hesse cominciò a essere vittima di una crescente stigmatizzazione, tanto che sempre meno riviste tedesche furono disposte a pubblicare i suoi articoli. Ed era proprio questo il tema di una lettera inviata dallo scrittore a Theodor Heuss all'inizio dell'estate 1936: «Caro dottor Heuss! Con sorpresa e con gioia apprendo dall'opuscolo che mi ha mandato che nel Reich esiste ancora un giornale in cui non mi offendono o mi passano sotto silenzio. È una cosa gradevole, altrettanto gradevole del fatto che questo ci consenta di incontrarci di nuovo [...]».[29] A quanto pare Theodor Heuss gli aveva inviato una rivista tedesca che parlava di lui positivamente, all'epoca già una cosa rara. Lo stesso

Lieber Dr. Heuss! [illegible]

Hermann Hesse

fig. 10
Lettera di Hermann Hesse a Theodor Heuss, inizio dell'estate 1936. Con un disegno di Gunter Böhmer che riproduce lo studio di Hesse nella Casa Rossa (traduzione del testo vedi p. 38).

Heuss firmò poi la curatela di un saggio di Herbert Koch dal titolo *Studie über Hermann Hesse* [Studio su Hermann Hesse], che uscì sulla rivista *Die Hilfe*, nel numero 17 del 5 settembre 1936. In una lettera inviata a Hesse qualche settimana dopo, Heuss fece riferimento alla propria situazione precaria di curatore e redattore e, in relazione allo studio, scrisse: «[…] io stesso non so per quanto ancora sarò in grado di mandare ogni tanto saluti simili». Probabilmente fu proprio la stampa di quello studio a far sì che, poco tempo dopo, Theodor Heuss fosse costretto ad abbandonare il posto di direttore della *Hilfe*. In quella prima lettera inviata a Hermann Hesse dopo una lunga pausa, nell'ottobre del 1936, Heuss faceva anche un quadro personale della propria vita. Menzionava di lavorare a una biografia di Friedrich Naumann e scriveva che era sua moglie Elly a mantenere la famiglia grazie all'impiego nel settore pubblicitario. La malinconia trapelava da ogni frase. «Ci sarà occasione di rivederci? […] ma ci sarebbe moltissimo di cui parlare, di esperienze umane e materiali […] Adesso però ho raccontato di me e di noi più di quanto Lei potrà considerare rilevante. Ma le sue parole cortesi mi hanno commosso con quella sorta di richiamo antico del passato – ed ecco che è arrivata quest'eco».[30]

L'anno successivo, il 1937, la casa editrice S. Fischer riuscì a far uscire in Germania altri due libri di Hermann Hesse: *Gedenkblätter*, una raccolta di brevi prose di natura privata scritte nell'arco di due decenni, e l'antologia poetica *Neue Gedichte*. Alla fine di giugno Theodor Heuss riferì che era impegnato nella revisione della sua biografia di Naumann, ma che aveva scritto «qualche parola» anche su quei libri.[31] In realtà si trattava di un lungo panegirico di Hermann Hesse, della sua personalità e della sua opera, l'unico uscito in Germania il 2 luglio 1937 per il sessantesimo compleanno dello scrittore.[32] Com'era accaduto vent'anni prima, toccava di nuovo a Heuss opporsi allo spirito imperante e ricordare pubblicamente lo stimato poeta e amico.

Alla fine del 1937 uscì la prima delle quattro grandi biografie che Theodor Heuss scrisse negli anni antecedenti al 1945. Era dedicata a Friedrich Naumann, teologo evangelico, esponente

fig. 11
Hermann Hesse, estate 1935.

fig. 12
Theodor Heuss, *Friedrich Naumann. Der Mann, das Werk, die Zeit*, Stoccarda e Berlino, 1937.

del liberalismo, a lungo suo mentore e amico fraterno, e la prima edizione fu venduta in tre settimane.[33] A questa notizia Hermann Hesse rispose – considerati i tempi e le circostanze – con l'ironia che gli era propria: «Ecco, schietta storia narrata, serena anche sull'epoca buia del liberalismo – buona per essere letta ai bambini, bene così».[34]

Anche durante gli anni successivi, nonostante la guerra e la censura, Hesse e Heuss riuscirono a mantenere vivo lo scambio intellettuale oltre i confini nazionali attraverso la corrispondenza e l'invio reciproco di libri, articoli o edizioni private fuori commercio delle proprie opere. Nelle lettere, i due intellettuali continuavano a professare una immutata stima e simpatia reciproca. Theodor Heuss, per esempio, concludeva aggiungendo ai «saluti cordiali» il rimando ai «vecchi sentimenti», mentre Hermann Hesse ricambiava «con tutto il cuore».

Più durava la guerra, più le condizioni di vita si facevano difficili. Nell'estate 1944, da Heidelberg dove si era rifugiato insieme a sua moglie, Theodor Heuss scrisse: «Viviamo gli sconvolgimenti di quest'epoca con l'ansia inconsueta di voler sperimentare ancora una volta le novità che scaturiranno dalla strabiliante lotta tra le forze intellettuali».[35]

Il presidente della Repubblica Federale Tedesca e il premio Nobel – Amici di vecchiaia

Nel 1945 la Seconda guerra mondiale era finita, altrettanto la parentesi del nazionalsocialismo; cominciò una nuova epoca che pose Theodor Heuss di fronte a compiti che lui stesso difficilmente si sarebbe aspettato.

Fino al 1949 collaborò con la *Rhein-Neckar-Zeitung* di Heilbronn, fu ministro dell'Istruzione del Land Württemberg-Baden, cofondatore della liberale Demokratische Volkspartei (DVP) e della futura Freie Demokratische Partei (FDP) e loro deputato al parlamento regionale. Inoltre fu membro del Consiglio parlamentare di Bonn, predecessore del Bundestag, e contribuì in modo determinante alla stesura del *Grundgesetz*, la Legge fondamentale costitutiva della Repubblica Federale Tedesca nata dalle tre zone d'occupazione occidentali, di cui redasse il preambolo. Alle elezioni per il primo Bundestag nell'agosto del 1949, Theodor Heuss ottenne un seggio tra le file della FDP e un mese dopo, il 12 settembre, l'assemblea federale lo elesse presidente della repubblica.

Hermann Hesse seguì senz'altro dalla Svizzera la carriera del vecchio amico. E, poche settimane dopo l'elezione di Heuss a capo dello stato, il vincitore nel 1946 del premio Nobel scrisse: «L'intervista rilasciata da Heuss non l'ho vista, e non è necessario. Se alla fine della Prima guerra mondiale qualcuno mi avesse detto: le tue idee sulla Germania saranno ascoltate e in parte comprese, la Germania sarà sconfitta per la seconda volta, le città tedesche distrutte e il redattore della *Neckar-Zeitung*, il dottor Heuss, sarà presidente – mi sarebbe sembrato assolutamente plausibile. Anche adesso e in futuro, non solo in Germania, si finirà sempre per approvare con trent'anni di ritardo ciò che il più semplice intelletto infantile riconosce e pretende».[36]

In veste di presidente, Theodor Heuss contribuì per dieci anni in modo sostanziale a consolidare la democrazia parlamentare nella giovane repubblica. Sottolineò sempre la responsabilità morale dei tedeschi per i crimini commessi dal nazionalsocialismo, opponendosi alla diffusa volontà di dimenticare. Sostenne la necessità di una onesta cultura della memoria, di una «Wiedergutmachung», il risarcimento dei crimini perpetrati contro il popolo ebraico, e di una riconciliazione con Israele, cosa che nella Germania del dopoguerra non era ovvia. Tuttavia Heuss si oppose anche al concetto della colpa collettiva riferito all'intera popolazione tedesca e coniò al suo posto quello di vergogna collettiva.[37]

L'esperienza personale maturata negli anni trascorsi nella Germania nazionalsocialista lo portava a ritenere che non poche persone avessero tentato di sopravvivere sotto la dittatura senza rinunciare ai valori in cui credevano. Il discorso valeva anche per lui e sua moglie Elly. E l'opinione era condivisa da Hermann Hesse, critico feroce della rimozione imperante nella società tedesca del dopoguerra. Hesse portò più volte in proposito l'esempio del suo stimato editore, Peter Suhrkamp, che durante il nazismo aveva cercato di gestire al meglio la casa editrice Fischer e, verso la fine della guerra, era stato rinchiuso in un campo di concentramento. Il fatto che Theodor Heuss non fosse né fuggito né emigrato non gettò mai nessuna ombra sul loro rapporto. Neppure l'autorevole carica pubblica ricoperta da Heuss modificò la natura di quella lunga amicizia. Come quarantacinque anni prima, Theodor Heuss amava ancora fare riferimento alla loro comune origine sveva. Per esempio, nel 1950 inviò a Hermann Hesse il suo libro *Schattenbeschwörung*[38] [Evocare le ombre], in cui delineava il profilo di personaggi svevi quasi dimenticati: «Immagino che alcuni brani riguardanti persone della nostra terra natale o ambientati nella nostra patria d'origine potrebbero farle trascorrere un'ora di pace e serenità».[39] Hermann Hesse fece propria quell'idea e rispose: «Il libro possiede un'atmosfera propria, unica e chiaramente percepibile, a maggior ragione per un mezzo svevo che si è forse affrancato o allontanato per ragioni biografiche da molte delle figure patrie, ma non certo nell'anima».[40]

Il secondo incontro tra Hesse e Heuss ebbe luogo nel 1951, dopo ben trentasette anni: nel mese di ottobre Theodor Heuss trascorse due settimane di vacanza a Locarno e raggiunse Montagnola per un giorno insieme a suo figlio Ernst Ludwig. Prima fece visita al pittore Hans Purrmann, che aveva conosciuto già nel 1906 a Parigi, poi trascorse il pomeriggio con Hermann e Ninon Hesse nella Casa Rossa. Delle due visite esistono brevi descrizioni che testimoniano in modo esemplare la straordinaria quantità di persone conosciute da Theodor Heuss, l'entità dei contatti che intrattenne per anni e come quel giorno a Montagnola dovesse essere stato intenso. Hans Purrmann, originario di Spira, riferì: «Un giorno di fine autunno Theodor Heuss mi ha fatto visita insieme a suo figlio; abbiamo chiacchierato a lungo anche di Spira [...]. Conosce i rapporti di parentela fra le famiglie di Spira quasi meglio di me».[41] Della visita a Hermann Hesse fu lo stesso Theodor Heuss a parlare in un discorso tenuto l'anno successivo a Stoccarda: «Lo scorso ottobre ho fatto brevemente visita a Hermann Hesse; ci siamo rivisti dopo molti, molti anni, non si è quasi parlato di politica, e di letteratura solo marginalmente, mentre per la maggior parte del tempo si è parlato di destini personali e familiari di amici svevi – Hesse chiedeva dettagli, e sapeva a sua volta alcuni dettagli. Come ‹se l'è cavata› questo o quello? Sembrava una riunione familiare sveva in cui si fa il punto della situazione, non senza una nota di sarcasmo indulgente o di tristezza delusa».[42]

Heuss tenne il discorso il 2 luglio 1952 al Grosses Haus di Stoccarda, in occasione del settantacinquesimo compleanno di Hermann Hesse. Aveva organizzato personalmente le celebrazioni poiché il ministro dell'Istruzione del Baden-Württemberg, Schenkel, si era dichiarato contrario a un omaggio ufficiale al poeta, giustificando il rifiuto con il fatto che nel racconto *Sotto la ruota* del 1906, Hermann Hesse non aveva usato riguardi nel ritrarre un seminario protestante. E il ministro si tenne anche lontano dalle celebrazioni organizzate dal presidente. Hermann Hesse commentò lapidario: «Mi associo a lui e neanch'io prenderò parte a una festa per Hesse».[43]

La partecipazione di Theodor Heuss alle celebrazioni è ancor più degna di nota se pensiamo che all'epoca sua moglie Elly

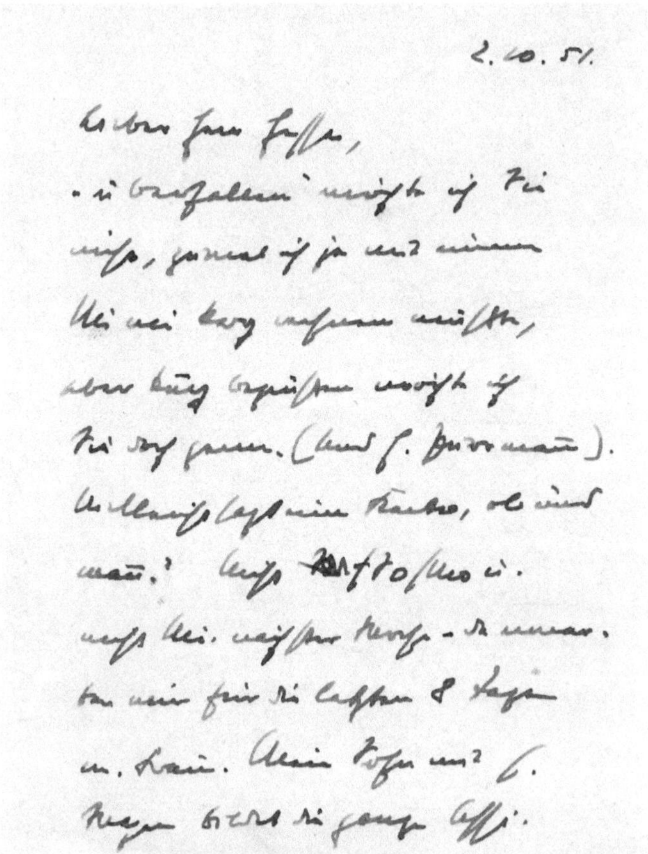

2. 10. 51.

Lieber Herr Hesse,

Ihr Theodor Heuss

fig. 13
Lettera di Theodor Heuss a Hermann Hesse del 2 ottobre 1951 da Muralto sul Lago Maggiore, in cui Heuss annuncia la sua visita a Montagnola.

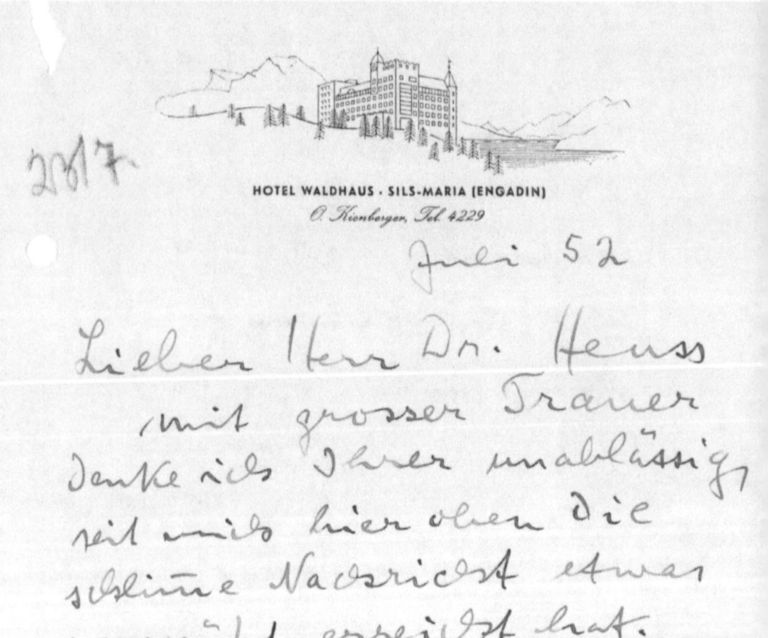

2017

HOTEL WALDHAUS · SILS-MARIA (ENGADIN)

O. Kienberger, Tel. 4229

Juli 52

Lieber Herr Dr. Heuss

mit grosser Trauer
denke ich Ihrer unablässig,
seit mich hier oben die
schlimme Nachricht etwas
verspätet erreicht hat.
Sie werden von Liebe u.
Teilnahme reich umgeben
sein u. doch diese Tage in
der kalten Einsamkeit

fig. 14
Lettera di Hermann Hesse a Theodor Heuss del luglio 1952 dall'Hotel Waldhaus di Sils Maria, in cui Hesse comunica la sua partecipazione al dolore per la morte di Elly Heuss-Knapp.

era malata in fase terminale (sarebbe morta poche settimane dopo); tuttavia, per un giorno il presidente lasciò la residenza di Bonn per recarsi a Stoccarda. Poi inviò a Montagnola una copia del discorso, cui poco dopo Hermann Hesse rispose: «[...] ieri Ninon mi ha declamato la sua lettera e il discorso tenuto a Stoccarda e, senectute confecto [prostrato dagli anni], mi sono quasi salite le lacrime agli occhi. Mi ero rallegrato al pensiero di questo discorso e mi aspettavo da Lei qualsiasi cosa; ma il testo è così gradevole e intelligente, così comprensivo e pieno di umanità, e poi così plastico e armonico che devo esprimerle tutta la mia ammirazione e – innanzitutto – il mio amore. È un capolavoro, e insieme una dichiarazione di amicizia e compaesanità del tipo più delicato».[44]

Oltre a esaltare la comune origine sveva e la simpatia personale, Theodor Heuss continuava a provare grande stima e apprezzamento per l'opera letteraria di Hermann Hesse. Così, nel 1954, trovò naturale chiedere all'amico se fosse disponibile a ricevere l'Ordine *Pour le Mérite für Wissenschaften und Künste* conferito per meriti artistici e scientifici. In veste di presidente, Heuss aveva infuso nuova linfa e significato all'antico, tradizionale ordine teutonico e, dopo la selezione di giovani membri provenienti dalla Germania, si era prodigato per acquisire all'estero altri candidati all'onorificenza. Nella lettera argomentava la sua scelta con queste parole: «Trovo che sarebbe bello se Lei accettasse l'omaggio che Le è riservato, dando espressione visibile al legame che La unisce a ciò che si può definire la Germania intellettuale». Tuttavia era consapevole che Hermann Hesse aveva un atteggiamento scettico, se non di vero e proprio rifiuto, verso simili onorificenze, ragion per cui menzionò la vecchia e la nuova storia dell'ordine, arrivando alla conclusione: «Si accorgerà senz'altro anche Lei [...] di trovarsi essenzialmente in una ‹compagnia davvero buona›».[45]

Non fu facile, per Hermann Hesse, prendere una decisione, visto che la richiesta proveniva da Heuss in persona. Alla fine cercò una risposta interrogando l'antico oracolo cinese *I Ching*: «La sentenza che ho ottenuto con l'esagramma T'ai è stata inequivocabile», scrisse, «e peraltro molto lusinghiera per Lei, caro dottor Heuss. Fra l'altro vi si dice: ‹Cielo e terra si uniscono. Così il sovrano divide e completa il corso di cielo e terra, amministra e ordina i doni di cielo e terra e così aiuta il popolo›. Ho accettato la sentenza dell'*I Ching* e dunque anche il suo invito. Anche mia moglie Le invia i suoi saluti. A casa nostra La pensiamo molto spesso».[46]

L'anno dopo, nell'ottobre 1955, Hermann Hesse ricevette il Premio per la pace assegnato dall'associazione dei librai tedeschi. La cerimonia si svolse nella Paulskirche di Francoforte sul Meno e al germanista Richard Benz fu affidata la *laudatio*. Era presente anche Theodor Heuss, in compagnia e a sostegno di Ninon Hesse che ritirò il premio al posto del marito. In quel momento il destinatario del riconoscimento era nel suo giardino: «Quella domenica, mentre Lei si trovava nella Paulskirche, io me ne stavo a Montagnola, al calore del più bel sole autunnale, raccoglievo una gran quantità di noci e contemporaneamente alimentavo un falò di ricci di castagna. Ma poi la sera (cosa impossibile la mattina per ragioni tecniche) ho ascoltato alla radio il resoconto della cerimonia inclusi i tre discorsi. La ringrazio dal più profondo del cuore!»[47]

Dopo il primo incontro avvenuto nel 1912, Theodor Heuss e Hermann Hesse si rividero di persona solo poche volte per breve tempo. Da questo punto di vista, dunque, come è stato detto nelle righe introduttive, il loro soggiorno all'Hotel Waldhaus di Sils Maria nel 1957 può essere considerato il culmine di un lungo «rapporto d'amicizia». Hermann e Ninon Hesse passavano regolarmente l'estate all'Hotel Waldhaus, ma nel 1957 anche Theodor Heuss vi trascorse una vacanza di quattro settimane insieme alla nuova compagna, Toni Stolper; e finalmente arrivò il tempo delle passeggiate insieme e delle numerose, intense conversazioni in albergo. Non erano certo due sconosciuti, e la vivacità dei loro colloqui rimase impressa nella memoria degli altri ospiti. «Durante quell'estate gli Hesse passarono molto tempo insieme agli Heuss; il più delle volte, dopo cena, sedevano intorno al tavolo preferito di Hesse, di fronte alla finestra

fig. 15
Ninon Hesse e Theodor Heuss nell'ottobre 1955 nella Paulskirche di Francoforte sul Meno, in occasione del conferimento ad Hermann Hesse del Premio per la Pace degli Editori tedeschi; il premio venne ritirato da Ninon Hesse al posto del marito.

del grande bar. Era evidente, osservando l'espressione del viso, i movimenti fanciulleschi delle braccia, il passo elastico, l'intensità della loro conversazione, come quella compagnia rendesse il poeta felice».[48] Erano gli stessi sentimenti provati da Theodor Heuss, che a Ninon Hesse confessò: «Sono molto, molto contento di aver potuto trascorrere un po' di tempo insieme».[49]

Quello rimase l'unico loro incontro che si protrasse per più di qualche ora. Le giornate di Theodor Heuss continuarono a essere strapiene di impegni e appuntamenti anche una volta andato ufficialmente in pensione, nel 1959, dopo aver ricoperto per dieci anni la carica di presidente della repubblica. Per esempio, nel novembre 1960 si recò come privato cittadino per tre settimane in India, su invito del primo ministro Nehru, e tenne numerose conferenze in varie università. Venuto a sapere che l'accademia di Nuova Delhi aveva intenzione di dedicare una targa commemorativa al nonno di Hermann Hesse, l'indologo Wilhelm Gundert, comunicò immediatamente la lieta notizia al nipote in Svizzera.[50] Mentre la spiritualità e la cultura dell'Asia orientale avevano sempre avuto una grande influenza sulla vita e l'opera di Hesse, Theodor Heuss se n'era occupato solo superficialmente. Nel 1961, quando lo scrittore gli inviò l'edizione privata fuori commercio di *Zen*, raccolta di alcuni suoi testi nati dall'interesse per l'omonima corrente del buddismo, Heuss si chiese se gli sarebbero «bastati il tempo e la calma necessaria a seguire le orme» dell'amico.[51] Conoscendo l'armonia interiore, l'equilibrio e l'attaccamento del conterraneo alle proprie radici sveve, Hermann Hesse gli rispose: «Lei non ha bisogno di nessuna consolazione, né intellettuale né religiosa».[52]

Nell'agosto 1961 i due amici si incontrarono un'ultima volta per mezza giornata all'Hotel Waldhaus che Theodor Heuss, in vacanza nella vicina Vulpera, aveva raggiunto per una breve visita.[53] L'anno successivo, una salute già compromessa impedì a Hermann Hesse di trascorrere l'estate in Engadina; ciononostante, la morte dello scrittore sopraggiunse inattesa il 9 agosto 1962: la settimana prima Theodor Heuss gli aveva scritto dall'Engadina esprimendo la speranza che le cure mediche cui Hesse si stava sottoponendo dessero i loro frutti. Poi gli aveva fatto i suoi «migliori auguri», concludendo: «Sempre Suo, Theodor Heuss».[54]

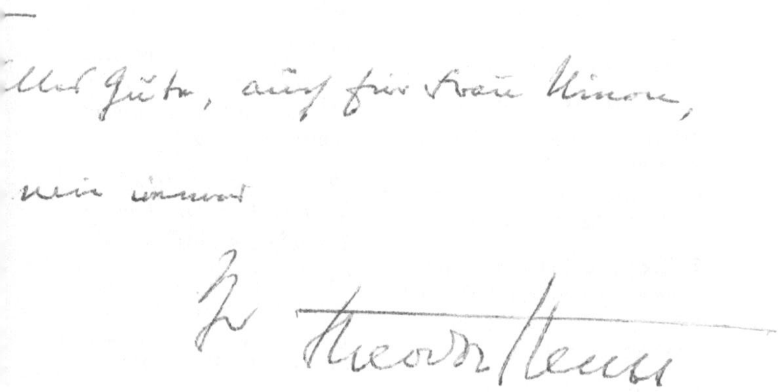

lles Gute, auch für Frau Ninon,
hr immer
Ihr Theodor Heuss

fig. 16
Da una lettera di Theodor Heuss
a Hermann Hesse del 1° agosto 1962.

Note

1 — Lettera di Theodor Heuss a Emil Preetorius dell'11 agosto 1957, Archivio della famiglia Heuss, Basilea.

2 — Theodor Heuss sulla raccolta di racconti *Diesseits* di Hermann Hesse, in: *Das literarische Echo. Halbmonatsschrift für Literaturfreunde*, anno 9 (1906/07), colonne 1846 ss.

3 — Theodor Heuss (a cura di), *Sieben Schwaben, ein neues Dichterbuch*, Heilbronn 1910, p. 21.

4 — Theodor Heuss su *Gertrud* di Hermann Hesse, in: *Die Hilfe – Zeitschrift für Politik, Wirtschaft und geistige Bewegung*, n. 45, 1910, p. 725. **Cfr. fig. 39 e p. 104 s.**

5 — Lettera di Hermann Hesse a Theodor Heuss del 17 novembre 1910, Deutsches Literaturarchiv Marbach. **Cfr. p. 106 s.**

6 — Lettera di Theodor Heuss a Hermann Hesse del 19 novembre 1910, Deutsches Literaturarchiv Marbach. **Cfr. p. 108 s.**

7 — Lettera di Hermann Hesse a Theodor Heuss del 21 novembre 1910, Deutsches Literaturarchiv Marbach. **Cfr. p. 110.**

8 — Lettera di Hermann Hesse a Theodor Heuss del 2 agosto 1908, Deutsches Literaturarchiv Marbach. **Cfr. fig. 34.**

9 — Notizia fornita dalla famiglia.

10 — Cfr. Peter Merseburger, *Theodor Heuss. Der Bürger als Präsident*, Monaco 2012, p. 140.

11 — Lettera di Hermann Hesse a Theodor Heuss del giugno 1913, in: *Hermann Hesse, Gesammelte Briefe*, a cura di Ursula e Volker Michels, vol. I, Francoforte 1973, p. 227 s.

12 — Theodor Heuss, *Freude des Dankens*, discorso commemorativo in occasione del settantacinquesimo compleanno di Hermann Hesse nel 1952, in: Theodor Heuss, *Die grossen Reden. Der Humanist*, Tubinga 1965, p. 96. **Cfr. p. 129 ss.**

13 — Wilhelm Hausenstein in: *Begegnungen mit Theodor Heuss*, a cura di Hans Bott e Hermann Leins, Tubinga 1954, p. 278.

14 — Cfr. *Hermann Hesse, Die Briefe 1905–1915*, a cura di Volker Michels, Berlino 2013, p. 555 s.

15 — Lettera di Hermann Hesse a Theodor Heuss del 4 gennaio 1915, Deutsches Literaturarchiv Marbach.

16 — Lettera di Theodor Heuss a Lulu von Strauß und Torney del luglio 1915, in: Peter Merseburger, *Theodor Heuss. Der Bürger als Präsident*, cit., p. 156.

17 — Ivi, p. 152 ss. per tutte le citazioni e i dati presenti in questo paragrafo.

18 — Ivi, p. 159 s. per tutte le citazioni e i dati presenti in questo paragrafo.

19 — Cfr. Hermann Hesse, *Non questi toni, amici!*, in: *Neue Zürcher Zeitung*, 3 novembre 1914.

20 — Theodor Heuss, *Erinnerungen 1905–1933*, Tubinga 1963, p. 191.

21 — Theodor Heuss, *Schwaben und der deutsche Geist*, Costanza 1915, p. 53 s.

22 — Ivi, p. 84.

23 — Hermann Hesse su Theodor Heuss, *Schwaben und der deutsche Geist*, in: *Neue Zürcher Zeitung*, 11 agosto 1915. **Cfr. p. 111.**

24 — *Kölner Tageblatt*, 24 ottobre 1915. **Cfr. 112 s.**

25 — Theodor Heuss, *Hermann Hesse, der «vaterlandslose Gesell»*, in: *Neckar-Zeitung*, 1° novembre 1915. **Cfr. p. 114 ss.**

26 — Hermann Hesse, *Im Schützengraben*, in: *März*, 13 novembre 1915. **Cfr. p. 118 s.**

27 — Theodor Heuss, *Freude des Dankens*, discorso commemorativo in occasione del settantacinquesimo compleanno di Hermann Hesse nel 1952, cit., p. 97. **Cfr. p. 129 ss.**

28 — Theodor Heuss, *Werkbundfragen nach dem Kriege*, in: *Vivos voco. Zeitschrift für neues Deutschtum*, fondata da Hermann Hesse e Richard Woltereck, anno 1 (1919/20), p. 408 ss.

29 — Lettera di Hermann Hesse a Theodor Heuss, prima estate 1936, Archivio della famiglia Heuss, Basilea. **Cfr. fig. 10.**

30 — Lettera di Theodor Heuss a Hermann Hesse del 6 ottobre 1936. Archivio svizzero di letteratura, Berna. **Cfr. fig. 40 e p. 121 s.**

31 — Lettera di Theodor Heuss a Hermann Hesse del 30 giugno 1937, Archivio svizzero di letteratura, Berna. **Cfr. p. 123.**

32 — Theodor Heuss, *Hermann Hesse. Zum 60. Geburtstag am 2. Juli 1937*, in: *Die Hilfe*, n. 13, anno 43, 1937, p. 276 ss. **Cfr. p. 124 ss.**

33 — Theodor Heuss, *Friedrich Naumann. Der Mann, das Werk, die Zeit*, Stoccarda, Berlino 1937.

34 — Lettera di Hermann Hesse a Theodor Heuss del 25 gennaio 1938, Deutsches Literaturarchiv Marbach.

35 — Lettera di Theodor Heuss a Hermann Hesse del 17 giugno 1944, Archivio svizzero di letteratura, Berna.

36 — Lettera di Hermann Hesse a Walther Meier, 28 settembre 1949 ca., in: *Hermann Hesse, Gesammelte Briefe*, vol. IV, a cura di Ursula e Volker Michels, Francoforte 1986, p. 37.

37 — In merito si veda anche: Karl-Josef Kuschel, *Theodor Heuss, die Schoah, das Judentum, Israel. Ein Versuch*, Tubinga 2013.

38 — Theodor Heuss, *Schattenbeschwörung. Randfiguren der Geschichte*, prima ed. Stoccarda, Tubinga 1947.

39 — Lettera di Theodor Heuss a Hermann Hesse del 16 gennaio 1950, Deutsches Literaturarchiv Marbach.

40 — Lettera di Hermann Hesse a Theodor Heuss, fine gennaio 1950, Deutsches Literaturarchiv Marbach.

41 — Lettera di Hans Purrmann a August Hess del 31 dicembre 1951, in: Barbara e Erhard Göpel, *Leben und Meinungen des Malers Hans Purrmann*, Wiesbaden 1961, p. 260.

42 — Theodor Heuss, *Freude des Dankens*, discorso commemorativo in occasione del settantacinquesimo compleanno di Hermann Hesse nel 1952, cit., p. 100. **Cfr. p. 129 ss.**

43 — Lettera di Hermann Hesse a Eugen Jaeckh del 21 giugno 1952, in: *Hermann Hesse, Gesammelte Briefe*, cit., vol. IV, p. 154.

44 — Lettera di Hermann Hesse a Theodor Heuss dell'8 luglio 1952, Deutsches Literaturarchiv Marbach.

45 — Lettera di Theodor Heuss a Hermann Hesse del 3 giugno 1954, Deutsches Literaturarchiv Marbach.

46 — Lettera di Hermann Hesse a Theodor Heuss, Pentecoste 1954, Deutsches Literaturarchiv Marbach.

47 — Lettera di Hermann Hesse a Theodor Heuss del 16 ottobre 1955, Deutsches Literaturarchiv Marbach.

48 — Marie-Anne Stiebel, *Woran ich mich erinnere*, in: *Hermann Hesse in Augenzeugenberichten*, a cura di Volker Michels, Francoforte 1991, p. 425.

49 — Lettera di Theodor Heuss a Ninon Hesse del 4 settembre 1957, Deutsches Literaturarchiv Marbach.

50 — Lettera di Theodor Heuss a Hermann Hesse del 5 novembre 1960, Deutsches Literaturarchiv Marbach.

51 — Lettera di Theodor Heuss a Hermann Hesse del 19 giugno 1961, Archivio svizzero di letteratura, Berna.

52 — Lettera di Hermann Hesse a Theodor Heuss del giugno 1961, Deutsches Literaturarchiv Marbach.

53 — Hermann Hesse a Leopold Marx nell'ottobre 1961, in: *Hermann Hesse, Gesammelte Briefe*, cit., vol. IV, p. 409.

54 — Lettera di Theodor Heuss a Hermann Hesse del 1° agosto 1962, Archivio svizzero di letteratura, Berna.

fig. 17
Theodor Heuss e Hermann Hesse nell'agosto 1957 in Val Fex a Sils Maria, Alta Engandina.

fig. 18
Theodor Heuss mentre disegna ad Agrigento, durante una visita di Stato in Italia, 1957.

Theodor Heuss, il presidente disegnatore

Ludwig Theodor Heuss

«In Germania nessun altro uomo di Stato più di Theodor Heuss ha riunito in sé in intima compenetrazione, anzi in una sorta di condizionamento reciproco, attività politica e impegno culturale», scrive Stefan Borchardt nel testo di accompagnamento per una mostra dedicata nel 2013 al tema «Theodor Heuss e l'arte».[1] Un'affermazione tanto netta richiede di essere esaminata più da vicino. In fondo l'atteggiamento di un politico, e specialmente di un capo di Stato, in riferimento a questioni che riguardano l'arte e la cultura, a un primo sguardo può apparire sospetto, o quantomeno controverso. Non è forse vero che in ogni epoca i potenti hanno scoperto e usato l'arte come uno strumento di rappresentanza, utile a mettersi in scena? Importanti collezioni o progetti culturali finiscono spesso per diventare monumenti volti a perpetuare la fama di coloro che ne sono stati iniziatori, e non di rado assolvono lo scopo di illuminare – e anzi talvolta di far apparire – un'ulteriore inattesa sfaccettatura della persona che ne è stata autrice, manifestandone tutta la rilevanza e la ricercatezza del gusto. Il ‹buon principe› ha sempre amato circondarsi dei maggiori esponenti della cultura del suo Paese, che poteva avvicinare senza difficoltà. Allo stesso tempo, gli artisti hanno goduto non di rado del riconoscimento da parte dei loro sovrani: un riconoscimento che ne aumentava la popolarità con l'ulteriore conseguenza, non irrilevante, di accrescerne il benessere materiale. Arte e potere sono solo in apparenza antipodi: almeno altrettanto forte è la loro attrazione reciproca.
Poiché, dunque, nelle pagine che seguono si tratterà del rapporto fra Theodor Heuss e l'arte, occorrerà anzitutto esaminare criticamente la contrapposizione appena tratteggiata e, in ultima analisi, confutarla. Per quale ragione il primo capo di Stato della Repubblica Federale Tedesca avrebbe avuto un rapporto tanto particolare nei confronti dell'arte? Si tratta forse in questo caso

Name Heuss Hr.Dr. Theodor Bundespräsident D

Adresse ~~Stuttgart~~ Bonn, Koblenzstrasse 135 31.1.1884

Heuss Hr. Dr. jur. Ernst Ludwig Lörrach Tumringen Baden „im Vogelsang 17" 5.8.1910

Besondere Angaben auf Rechnung Dr. Gustav Stolper;

Schriftsteller, Kultusminister

~~Stolper/Fr/Toni/~~ 22.11.90

Präsident der Bundesrepublik New-York 28, 1 Gracie Terrace

Box Fr.4.-

Angekommen	Abgereist	Dauer Aufenthalt	Zimmer Nr.	Anzahl M	E.	D.	G.	Appartement pr. Tag	Arrangement	
1947								Taxen		
24.7.	14.8.	21 Tg.	176	1				1.-	27.-	
27.7.57	24.8.57	28 Tg	178.179. 172.173	3	1	1			201.-	
			Salon						18.-	
27.7.57	28.7.57	1 Tg	187						½ 20.-	
28.7.			Chauffeur parti							
23.8.57			Dr. E. Heuss abw.						./. 20.-	

fig. 19
Scheda del cliente Theodor Heuss presso l'Hotel Waldhaus di Sils Maria, con le registrazioni del 1947 e 1957.

della costruzione di un mito? Per fornire una risposta, bisogna guardare alla sua biografia: benché abbia fatto politica per tutta la vita, Theodor Heuss non è mai stato il classico politico di professione, né un ‹soldato del partito› nel significato consueto. Si ritenne sempre al servizio della corporazione degli uomini di lettere. «Scrittore», si legge nella scheda che registra il suo primo soggiorno all'Hotel Waldhaus di Sils Maria; in seguito avrebbe scritto «ministro dell'Istruzione» e poi «presidente della Repubblica Federale» (fig. 19). È rimasto nella memoria dei tedeschi come un uomo della parola scritta, in seguito come oratore. La sua carriera aveva preso avvio dal posto di redattore nella rivista *Die Hilfe*, legata al pensiero liberale del suo mentore, Friedrich Naumann, poi nella *Neckar-Zeitung* di Heilbronn, e quindi nel *März*. Importante periodico culturale degli anni d'oro precedenti la Prima guerra mondiale, il *März* era diretto da Ludwig Thoma e Hermann Hesse e pubblicato a Monaco presso Albert Langen. Il titolo conteneva una duplice allusione: da un lato, intendeva costituire un'associazione con il risveglio della primavera e con l'idea del mettersi in marcia; dall'altro, si poneva come reminiscenza delle radici ideologiche della rivista, che affondavano nel terreno del movimento liberale legato ai fatti di marzo del 1848. Nel 1913 Theodor Heuss ne divenne capo redattore, con l'attivo sostegno di sua moglie, Elly Heuss-Knapp, scrittrice per molti aspetti di valore pari al suo.[2] A partire da quel momento, subito prima dello scoppio della guerra, quando Heuss aveva ventinove anni, i due instaurarono una rete molto articolata di contatti e di amicizie con scrittori e artisti dell'epoca. Oltre a Hermann Hesse e Ludwig Thoma, ne fecero parte anche Robert Walser, Isolde Kurz, Walter Hasenclever, René Schickele, e altri. In questo ambiente, Theodor e Elly Heuss avvertirono con grande intensità e immediatezza il fermento culturale e artistico dei primi anni del ventesimo secolo, e vi presero parte scrivendo e commentando con entusiasmo.[3] A partire dal 1918, Heuss fu inoltre vicepresidente dell'«Unione a protezione degli scrittori tedeschi»: un'attività che decise però di lasciare nel 1926 a seguito di divergenze politiche a proposito di una legge discussa in parlamento sulla «protezione dei giovani dalla letteratura oscena e dozzinale». Questo conflitto – oltre alla pretesa manifestata da Thomas Mann di essere l'unico a rappresentare l'autentico spirito tedesco – fu uno dei motivi per cui il rapporto tra Heuss e Mann rimase piuttosto freddo anche in anni successivi. Oltre alla letteratura, temi centrali per il lavoro di Heuss scrittore furono anche la storia e l'architettura, ma soprattutto l'arte figurativa. Dal 1918 al 1933 Heuss fu inoltre direttore amministrativo e presidente della Deutscher Werkbund [Lega Tedesca Artigiani], che si stava dedicando a sviluppare e diffondere un design funzionale sotto l'influsso della crescente produzione industriale. Dopo il 1933, costretto al silenzio come docente e come politico, colpito dal divieto di esercitare la professione di scrittore, continuò a pubblicare sotto pseudonimo, in particolare per il feuilleton della *Frankfurter Zeitung* e, mentre sua moglie sosteneva le spese del vivere, realizzò da privato studioso e in uno stile letterariamente curato quattro grandi biografie, una delle quali dedicata a Hans Poelzig, pioniere dell'architettura moderna.

Occuparsi di letteratura, di arte figurativa e di architettura costituì quindi un quadro di riferimento costante e complementare rispetto all'attività politica nella biografia di Heuss. Aveva già raggiunto l'età della pensione quando, tra i pochi parlamentari della Repubblica di Weimar liberi da impegni e ancora in vita, fu nominato tra i padri costituenti del Consiglio parlamentare e, in seguito, primo capo di Stato della Repubblica Federale appena fondata. Solo nel contesto di una simile biografia si comprende quale ruolo abbia avuto questo compenetrarsi di azione politica e culturale, e quale influsso abbia esercitato sulla politica culturale dei primi anni della Repubblica Federale Tedesca. Considerata come quadro di riferimento della sua biografia, questa componente rispecchia l'evoluzione di una persona che fin dalla giovinezza ha non solo cercato, ma anche trovato contatti molto vicini e diretti con l'ambiente degli artisti contemporanei: contatti e legami di amicizia che hanno accompagnato Heuss segnandone anche il cammino lungo tutta la vita. L'amicizia pluridecennale con Hermann Hesse – qui documentata in un arco cronologico che va dagli anni che precedettero la Prima guerra mondiale fino alle vacanze trascorse insieme in Engadina nel 1957[4], e poi alla morte di Hesse nel 1962 – rappresenta una testimonianza molto eloquente. Tra gli altri frequentatori dell'ambiente artistico con cui Heuss intrattenne legami duraturi si annoverano Albert Weisgerber, Hans Purrmann, Reinhold Nägele, Alfred Döblin, e più tardi Carl Zuckmayer. Nel lascito di Theodor Heuss si trova anche una cartolina del 1905 di Ferdinand Hodler, con cui il pittore ringraziava l'allora ventunenne redattore per un articolo sulle sue opere esposte al Künstlerbund, ed è conservata una lettera analoga di Emil Nolde datata 1908.

Il tema «Theodor Heuss e l'arte» fornisce però anche un'ulteriore prospettiva, forse inattesa, da cui osservare la sua personalità, come si evince dalla citata lettera a Emil Preetorius **(vedi nota 4)**. Oltre all'attività letteraria e giornalistica, infatti, Heuss praticava anche un'attività artistica in forma del tutto indipendente: amava disegnare. Seguendo in questo un *habitus* classico delle classi borghesi colte, riportava su carta i suoi schizzi a scopo mnemonico, rendendoli in primo luogo elementi dell'esperienza interiore di un paesaggio o di un'atmosfera. Non aveva pretese artistiche anche se, con una punta di civetteria, Heuss descriveva sé stesso come un «dilettante divertito»: «Forse non sono molto accurato nella prospettiva, non sono abbastanza preciso nel tracciare la linea d'orizzonte e il punto di fuga: dovrei rimproverarmene, ma non ho mai avuto l'intenzione di esprimere il mio caos interiore raffigurando angoli sghembi e campanili che si stagliano estatici nel cielo; voglio soltanto, lontano da qualunque scopo espressionista, fissare dei disegni a mo' di ricordi. L'umore vacanziero, però, rende più audaci. Tendo a indulgere a un filisteismo romantico che risolve il mondo in ‹motivi›, e perciò amo particolarmente viaggiare nelle regioni cattoliche (e non soltanto per via dell'alcol): perché lì le edicole, i calvari, le cappelle, lì la mobilità serena del semplice barocco fa proliferare le ‹immagini›. Anche il gotico ha il suo fascino, ma è faticoso e, quando non riesce, mostra una nettezza

fig. 20
Theodor Heuss e Hermann Hesse nell'agosto 1957 in Val Fex a Sils Maria, Alta Engandina.
La fotografia è firmata sul retro da Theodor Heuss e Hermann Hesse.

impossibile da migliorare. Sono molto fiero quando riesco a evocare con mano accurata la forza delicata di una madonna gotica, ma la violenza di un santo barocco, con la sua veste sontuosa e gonfia, raccolta in zone d'ombra scurissime è più divertente; in questo caso si può sempre aggiungere qualche invenzione, è perfettamente lecito.
Ponti, portali, vicoli, castelli, dove si possono realizzare un po' di ‹studi di paesaggio›; montagne rocciose che lasciano incantati e infondono una quiete meravigliosa, finché non se ne porta a termine il profilo seghettato… La cosa più divertente è che per me queste immagini sono sempre belle: solo per me, perché ricordo bene quegli attimi. E continuo a riviverli, e mi tornano in mente tutti gli aneddoti, i bambini, i monelli, il calore, le conversazioni, le conoscenze. Intorno a schizzi come questi ruota sempre molto più che il mero piacere di ‹dipingere› – è il respiro di un intero viaggio che si ritrova in tutta la sua vividezza e, nel pieno dell'inverno, posso immaginarmi in viaggio verso le montagne o verso il mare. Io soltanto; è questo il segreto del dilettante. L'artista invece deve andare dalle persone, il suo piacere si è fatto professione, deve badare alla tempestività, alla concorrenza: io sono completamente libero da preoccupazioni simili. Mi diletto».[5]

Di questo dilettarsi si conserva traccia in un plico del suo lascito, di oltre quattrocento fogli. È impressionante vedere con quale costanza Heuss abbia riempito i suoi taccuini di schizzi per decenni. I primi disegni si datano al 1898 e raffigurano la regione di Heilbronn, gli ultimi sono del 1962 e risalgono al periodo in Engadina. Ci sono lacune piuttosto ampie relative agli anni 1910–15 e 1939–42, e non è chiaro se i taccuini corrispondenti siano andati perduti o se in quegli anni Heuss non abbia realizzato disegni. Visto però che agli anni 1909 e 1916 risalgono numerosissimi disegni, per spiegare la lacuna tra il 1910 e il 1915 bisognerà considerare la prima ipotesi come la più probabile mentre, per gli anni che vedono l'inizio della Seconda guerra mondiale, sembra che si debba adottare piuttosto la seconda spiegazione. Molti dei disegni che risalgono alla seconda metà degli anni Cinquanta, vale a dire al periodo del suo secondo mandato presidenziale, sono conservati soltanto come copie, a conferma di una ben nota abitudine di Heuss, che regalava volentieri i suoi disegni alle persone a lui più vicine, ma anche a collaboratori o accompagnatori diplomatici.

Nei suoi ricordi autobiografici Heuss racconta come, a quindici anni, l'attività di disegnare lo avesse trasformato d'un tratto in un riformatore scolastico. Esercitata entro la cerchia familiare del padre e del talentuoso fratello maggiore Hermann, la consuetudine con il disegno stentava a trovare spazio nelle ore scolastiche. «Si disegnava copiando modelli su fogli di grande formato: ornamenti sinuosi o angolosi, il più difficile di tutti era la foglia di acanto stilizzata. [...] Il disegno era considerato in modo estremamente scialbo e trattato senza cura – non fa meraviglia che alla maggior parte degli allievi quell'attività [...] andasse poco a genio, non piaceva neanche a me».[6] Inoltre, il programma scolastico non prevedeva più lezioni di disegno dopo l'ottavo anno. Così il ragazzo andò a cercare autonomamente quello che la scuola non gli offriva: andava a disegnare nella campagna vicina, e nel 1899 fece conoscenza con il pittore locale di paesaggio, sig. Sitzler, che si rivelò anche un pedagogo molto intelligente e sensibile **(fig. 21)**. Nel giro di breve tempo, i due organizzarono un corso volontario di disegno. «Fu quello, credo, il mio primo gesto ribelle: inoltrai al consiglio comunale una richiesta in cui esponevo le condizioni e l'offerta, e chiedevo di mettere a disposizione il mercoledì pomeriggio una sala da disegno della Realschule. E la richiesta fu accolta».[7] Chiamato davanti al rettore, che gli chiese indispettito perché si fosse rivolto direttamente al consiglio comunale e non, come si conveniva, a lui, che non avrebbe mai approvato un'iniziativa simile, lo scolaro rispose irriverente: «Era proprio questo il motivo».

A parte l'infarinatura scolastica, in cui «si alternavano un po' di disegno a penna e pastello, acquarello e carboncino»[8], Heuss non ebbe altra educazione artistica. Rimase un autodidatta. In un «incoraggiamento» posto in un luogo insolito, vale a dire nel libro di disegno e pittura di Knaur, Heuss ammette: «Ho

osservato con grande interesse pittori e incisori al lavoro, e ho imparato moltissimo – tuttavia la mia ambizione non si è mai rivolta alla tavolozza dei colori a olio o alla lastra da incidere con il bulino. Mi erano sufficienti carboncino, matite nere e colorate, a volte anche i pastelli, e un tempo gli acquarelli».[9] E riguardo alla tecnica, Heuss si dichiara anzitutto un disegnatore di templi e di chiese: «gli edifici antichi richiedono grande attenzione, quelli romanici un senso pacato delle masse; lo stile gotico è il più difficile, ci vuole tempo per dominare i dettagli degli archi rampanti, dei pinnacoli, delle figure; il barocco è il più divertente».[10] **(figg. 22, 23)**. Non si trova annotato nessun altro consiglio concreto, eccetto: «Non usare … la gomma»!
Tanto più interessante è seguire il modo in cui Heuss sviluppa uno stile personale e in sé molto coerente, esaminando i venti taccuini conservati, che presentano talvolta sovrapposizioni nella sequenza dei fogli datati. I primi disegni sono eseguiti prevalentemente a matita e mostrano grande prudenza e diligenza nell'accostare l'oggetto. Il tratto si modifica in modo molto evidente e si fa più sicuro nel 1906, dopo un periodo di vacanza a Parigi **(fig. 24)**. Heuss si era recato in visita al pittore Albert Weisberger, amico degli anni di università trascorsi a Monaco. Devono essere stati giorni dedicati essenzialmente all'arte: i fogli rivelano un esercizio regolare e intensivo, nonché, come ha notato Wilhelm Weber, parallelismi sorprendenti rispetto ai lavori dell'amico.[11] Negli anni che seguirono, il disegno rimase un'attività collaterale, che Heuss praticava durante i viaggi oppure in vacanza, allo scopo di tornare a casa «magari più ricco, e di sicuro più felice». Con il tempo Heuss sperimenta lavorando sulle superfici, sulla suddivisione del quadro o sulla prospettiva, in cerca di un linguaggio figurativo proprio. È difficile trattenere la sensazione che, con il consolidarsi del suo ruolo professionale e politico, a partire grosso modo dal 1924, anno in cui fu eletto in parlamento, anche la sua cifra artistica abbia infine trovato una forma propria. Creta e carboncino diventano, da quel momento in poi, un medium decisivo. Si conservano anche alcuni acquarelli dei primi anni Venti, molto

gradevoli dal punto di vista estetico, ricchi di sfumature **(figg. 25, 26)**. Si sarebbe portati quasi a rimpiangere che non abbia dipinto di più ad acquarello ma, a quanto pare, il carattere diretto del segno a carboncino, che consente solo lievi sfumature e non permette correzioni, era più nelle sue corde. In ogni caso, il suo modo di disegnare restò immutato negli anni a seguire. Non sarebbe stato da lui – che per tutta la vita aveva messo al centro la parola ‹stile› o ‹senso dello stile› in ambito politico e letterario, e perfino nelle relazioni interpersonali – non trovare anche in ambito artistico una forma espressiva propria a cui restare fedele. Heuss evitò di imitare il genere artistico dei modelli, anche se il *ductus* di alcuni suoi schizzi può ricordare ad esempio Poelzig, o la maniera pittorica di Liebermann. In ogni caso la tecnica delle matite a carboncino dal segno molto largo fa sì che alcuni fogli ricordino più dei dipinti che non dei disegni. L'elemento atmosferico, l'impressione immediata, prevalgono sempre sulla precisione dei dettagli **(fig. 27)**.

L'ambito dei soggetti si può riassumere in breve: pochi sono i ritratti, la madre, il padre, il fratello, le amiche («a proposito del tema: le donne»), due autoritratti molto riusciti, un paio di caricature; per il resto, si trovano soprattutto disegni di architetture, di paesaggi, ricordi di passeggiate e di viaggi, schizzi anziché fotografie. Per Heuss, che non tenne mai un diario, i taccuini da disegno rappresentavano una forma di surrogato dei ricordi. Ritraeva regioni lungo le quali aveva viaggiato o camminato: inizialmente si tratta dei dintorni di Heilbronn, nella valle del Neckar, i luoghi della sua giovinezza. Nel 1901, durante un viaggio lungo il Reno, Heuss disegnò per la prima volta la chiesa abbaziale di Maria Laach; nel 1948 l'avrebbe raffigurata di nuovo, questa volta per farne dono a Konrad Adenauer, che nel 1933 era stato costretto a cercarvi un rifugio temporaneo. Al 1906 risale il già citato soggiorno a Parigi; nel 1909 è ampiamente documentato un primo viaggio in Italia. Nel 1916 intraprende un viaggio di dieci giorni lungo il basso Reno con il fratello Hermann: se ne conservano alcuni studi che hanno per soggetto il Duomo di Xanten. Si trova anche traccia di un viaggio in nave intrapreso nel 1926 da Venezia a Istanbul, nonché di altri «viaggi sentimentali in vista delle elezioni»: fra il 1923 e il 1930 Heuss aveva percorso la provincia sveva, sperimentando di sera l'agitazione del conflitto elettorale, e realizzando il mattino seguente schizzi di Reutlingen, Mergentheim, Urach o Maulbronn **(fig. 28)**. Ad alcuni schizzi sono aggiunte delle annotazioni come «la mucca si è allontanata troppo presto», «interruzione per via di una violenta grandinata», oppure «limitato a tre quarti d'ora per desiderio della moglie». Anche importanti momenti della sua biografia si trovano registrati nei disegni: al 1943 risale uno schizzo dal carattere cupo realizzato dopo la fuga da Berlino nel Boschhof presso Moosaurach **(fig. 29)**, al 1944 uno schizzo da Badenweiler; nel 1947 un disegno ricorda il primo incontro dopo anni con l'amico Gustav Stolper a Sils Maria **(fig. 30)**, e al 1949 si data un panorama del Reno nei pressi di Bonn; di poco successiva è una veduta dalla sede ufficiale provvisoria sulla Viktorshöhe nelle Riesengebirge. Anche da presidente, Heuss continuò a coltivare la sua passione: in viaggio **(fig. 31)**, perfino durante visite di Stato, in Grecia e in Italia **(fig. 18)**, e anche negli USA. Non si conservano invece disegni relativi al periodo in Turchia e in Gran Bretagna. Il 12 settembre 1959, suo ultimo giorno da presidente, Heuss si sedette nel parco e disegnò la sede ufficiale della presidenza della Repubblica, la Villa Hammerschmidt a Bonn **(fig. 32)**. Negli anni successivi gli schizzi si fanno sempre più numerosi e, curiosamente, anche più colorati: in Provenza e in Israele, in India **(fig. 33)** e in Engadina. Non è nostra intenzione legittimare il valore artistico di un'opera dopo la morte del suo autore. «Ultra posse nemo obligatur»[12], annotava Heuss come motto su uno dei suoi taccuini di disegni, consapevole di non avere talento e capacità illimitati. Tuttavia, questa sua passione fornisce comunque una chiave particolare per comprendere la personalità del presidente. La costanza con la quale, durante gli anni della sua vita attiva, fittissima di impegni, e perfino durante le visite di Stato, Heuss si ritagliava spazi per registrare in tutta calma nei suoi disegni architetture o paesaggi, evoca in forma davvero icastica l'idea della complementarietà tra vita attiva e vita contemplativa. Per il giornalista, oratore e politico che lavorava analiticamente con il linguaggio, questo costante ritirarsi nell'attività silenziosa e intuitiva del disegno per dedicarsi a cogliere lo spazio intorno a sé, dev'essere stata un'occupazione complementare, che se non altro forniva una sorta di igiene della psiche. L'importanza che Heuss le attribuiva si avverte a tratti nelle sue lettere, come quando, scrivendo ai suoi cari, riferisce di un viaggio: «ho anche disegnato, diligente, ogni giorno». Questa coerente attività disegnativa, quindi, rappresentava per Heuss in primo luogo un esempio del modo in cui le facoltà verbali e non verbali, razionali ed emotive, insieme alla creatività, potessero essere esercitate e legate per una vita intera; la sua immagine di presidente che disegna anche durante i viaggi, un segno incondizionato di civiltà.

Lo avrebbe comunque divertito ritrovarsi tra le mani un'opera di taglio enciclopedico sulle firme d'artista dove, accanto all'abbreviazione th.h. in carattere Sütterlin **(vedi figg. 23, 32)**, si trova la spiegazione: Heuss, Theodor (1884–1963): pittore tedesco di paesaggi.[13]

fig. 21
Theodor Heuss, *La chiesa cattolica di Heilbronn*, 10 agosto 1901.
Matita su carta.

fig. 22
«Il gotico difficile»:
Theodor Heuss, *Chartres*,
9 agosto 1925.
Matita su carta.

fig. 23
«Il simpatico barocco»:
Theodor Heuss, *La chiesa del convento di Grüssau* [Krzesowie], 21 luglio 1935.
Matita e carboncino su carta.

fig. 24
Theodor Heuss, *Louvre*,
25 maggio 1906.
Matita su carta.

fig. 25
Theodor Heuss, *Nieblum sull'isola di Föhr*, 3 luglio 1921.
Acquarello e matita su carta.

fig. 26
Theodor Heuss, *Gargellen*,
20 settembre 1924.
Acquarello e matita su carta.

fig. 27
Theodor Heuss, *Sigmaringen*,
24 maggio 1923.
Carboncino su carta.

fig. 28
Theodor Heuss, *Maulbronn*,
28 agosto 1923.
Carboncino su carta.

fig. 29
Theodor Heuss, *Moosaurach*,
12 luglio 1943.
Carboncino su carta.

fig. 30
Theodor Heuss, *Fextal* [Sils Maria],
26 luglio 1947.
Carboncino su carta.

fig. 31
Theodor Heuss, *Ascona Collegio*,
13 ottobre 1951.
Carboncino e matita colorata su carta.

fig. 32
Theodor Heuss, *Bonn*
[Villa Hammerschmidt],
12 settembre 1959.
Carboncino su carta (riproduzione).
Il disegno originale risulta scomparso.

fig. 33
Theodor Heuss, *Konark* [India],
14 novembre 1960.
Carboncino e matita colorata su carta.

Note

1 — Cfr. Stefan Borchardt, *Theodor Heuss und die Kunst*, in: *Theodor Heuss und die Kunst*, a cura di Stefan Borchardt e Marc Gundel, Stoccarda 2013.

2 — Cfr. la lettera di Elly Heuss-Knapp al padre Georg Friedrich Knapp del 3 giugno 1913: «Carissimo papà,
Pensa, abbiamo appena accettato un nuovo incarico parallelo. Sabato hanno chiesto a Theodor se vuole assumere da qui la redazione del *März*, fondato da Hermann Hesse e Ludwig Thoma (e finora a Monaco), affiancandola a quella della *Neckar-Zeitung* – sarà un periodico bimensile. Abbiamo pensato che io potrei assumere il grosso del lavoro giornaliero con l'aiuto di una dattilografa. Theodor si occuperebbe più della parte politica, io di quella letteraria.
[…] L'altroieri Theodor è andato a Monaco per contrattare la faccenda e mi ha appena scritto di aver accettato. Sono davvero contentissima di questo nuovo lavoro».
Archivio della famiglia Heuss, Basilea.

3 — Cfr. la lettera di Elly Heuss-Knapp al padre Georg Friedrich Knapp del 27 gennaio 1914: «[...] Per caso, proprio nel giorno del mio compleanno, Hermann Hesse è stato a tavola con noi insieme all'editore Eugen Salzer. È stato molto carino, Hesse è una persona così fine, intelligente, si è molto calmato, è solo molto debole, fisicamente e mentalmente».
Archivio della famiglia Heuss, Basilea.

4 — Cfr. la lettera di Theodor Heuss a Emil Preetorius da Sils Maria, dell'11 agosto 1957: «[…] Qui finora il tempo è stato bello – […] Al tavolo accanto c'è Hermann Hesse, con cui ho un legame di amicizia che dura da cinquant'anni, e accanto ci sono Erica e Golo Mann; domani aspetto la visita di Carl J. Burckhardt.
Un pochino ho anche disegnato […]».
Archivio della famiglia Heuss, Basilea.

5 — Theodor Heuss, *Der vergnügte Dilettant*, in: *Der Schwabenspiegel*, supplemento della *Württemberger Zeitung* del 23 novembre 1923.

6 — Cfr. Theodor Heuss, *Vorspiele des Lebens, Jugenderinnerungen*, Tubinga 1953.

7 — *Ibid.*

8 — *Ibid.*

9 — Bodo W. Jaxtheimer, *Knaurs Mal- und Zeichenbuch. Mit einer Ermunterung von Theodor Heuss*, Monaco 1961.

10 — *Ibid.*

11 — Wilhelm Weber, *Beziehungen von Theodor Heuss zur Kunst und zu Künstlern*, in: *Theodor Heuss Freund und Förderer der Kunst und der Künstler*, Pfalzgalerie Kaiserslautern 1974.

12 — «Nessuno è obbligato a fare oltre le sue possibilità» (principio del diritto romano).

13 — Cfr. Franz Goldstein, *Monogramm Lexikon. Internationales Verzeichnis der Monogramme bildender Künstler seit 1850*, Berlino 1964.

Biografie di Hermann Hesse e Theodor Heuss

Eva Zimmermann

1877 Hermann Hesse nasce il 2 luglio a Calw, una piccola cittadina del Württemberg. Il padre, Johannes Hesse, è di origine estone; la madre Maria, nata Gundert, è figlia di Hermann Gundert, studioso di indologia del Württemberg. La famiglia è molto radicata nella religiosità pietista e appartiene alla comunità internazionale della Missione di Basilea. Entrambi i genitori, così come i nonni materni, sono stati missionari in India. Per l'origine del padre, Hesse riceve fin dalla nascita la cittadinanza russa.

1881–1886 La famiglia Hesse risiede a Basilea, in Svizzera, e ne ottiene il diritto di cittadinanza.

1884 *Theodor Heuss nasce il 31 gennaio a Brackenheim nel circondario di Heilbronn, nel Württemberg. I suoi genitori, l'ingegnere e pubblico ufficiale Louis Heuss ed Elisabeth Gümbel, appartengono alla borghesia colta, benestante e protestante, che si considera portatrice e depositaria dei valori della cultura nazionale. Fin dall'infanzia, Theodor Heuss è a suo agio con scienza e letteratura, discipline coltivate nell'ambiente familiare. Il padre, uomo politicamente e socialmente impegnato, si ispira alla tradizione del movimento rivoluzionario e democratico del 1848–49, i cui valori trasmette al figlio.*

1886–1891 La famiglia Hesse torna a risiedere a Calw. A partire dal 1890, Hermann frequenta la scuola di latino di Göppingen per prepararsi al Landexamen, a questo scopo richiede – unico della sua famiglia – la cittadinanza del Württemberg.

1890 *La famiglia Heuss si trasferisce a Heilbronn.*

1891–1894 Hesse diventa seminarista nel seminario evangelico conventuale di Maulbronn; fuggito dall'istituto dopo sei mesi, vi viene ricondotto dalla polizia. In seguito viene internato per cinque mesi in due diverse case di cura psichiatrica e intraprende un tentativo di suicidio, fallito per l'incepparsi del revolver. Pochi mesi dopo si iscrive al ginnasio di Cannstatt; termina la sua formazione scolastica con l'esame annuale volontario (Obersekundarreife).

1892–1902 *Heuss frequenta il Karls-Gymnasium di Heilbronn e consegue la licenza a pieni voti. Dimostra ottima predisposizione allo studio, padroneggia con facilità le materie di insegnamento e arricchisce la sua formazione con vaste letture di argomento letterario e storico. Durante le comuni passeggiate, il padre lo esorta a ritrarre col disegno paesaggi e luoghi degni di nota. Fin da ragazzo si interessa all'arte figurativa e frequenta le mostre di Heilbronn e Stoccarda. Si appassiona al disegno, che coltiverà fino ad età avanzata, in particolare durante i viaggi.*

1895–1898 A Tubinga, Hesse porta a termine una formazione come libraio. Coltiva da autodidatta letteratura e filosofia.

1898 In novembre pubblica a proprie spese la sua prima raccolta di poesie, dal titolo *Romantische Lieder* [Canti romantici]; il volume esce con data 1899.

1899 A giugno pubblica il suo primo volume di testi in prosa, dal titolo *Un'ora dopo mezzanotte*, uscito in 600 copie per l'editore Eugen Diederichs di Lipsia.

1899–1903 Hesse lavora presso due librerie di Basilea.

1902–1905 *Theodor Heuss incontra Friedrich Naumann, teologo evangelico e riformatore sociale, il cui pensiero lo influenza profondamente e in modo duraturo. Naumann promuove uno stretto collegamento tra pensiero sociale e teorie nazionaliste, sostiene la necessità di una democratizzazione dell'istituto monarchico ed è favorevole a una politica estera di stampo imperialista.*
Heuss intraprende a Monaco gli studi di Economia nazionale, inoltre frequenta corsi di scienze politiche, filosofia, storia, storia dell'arte e letteratura.
Per restare vicino a Naumann, nel 1903 si trasferisce a Berlino. Fa le sue prime esperienze di militanza politica nella campagna elettorale per le elezioni del Consiglio Regionale Prussiano. Nel 1904 rientra a Monaco; nel 1905, all'età di ventuno anni, presenta la sua dissertazione e termina con successo gli studi.

1904 Hesse pubblica il romanzo *Peter Camenzind*. Sposa Maria Bernoulli, detta Mia; la coppia si trasferisce a Gaienhofen, sul lato tedesco del lago di Costanza. Inizia a collaborare in modo indipendente con vari quotidiani.

1905 *A Berlino, Heuss diventa redattore di* Die Hilfe, *una rivista di ispirazione cristiano, sociale e nazionale fondata da Friedrich Naumann, che nel tempo si rivolge sempre più a un pubblico di lettori appartenenti alla borghesia liberale e di sinistra. Inizialmente Heuss è responsabile del supplemento letterario, dal 1907 anche della redazione politica.*

1905–1911 Nascono i figli di Hermann Hesse, Bruno (1905), Heiner (1909) e Martin (1911). Nei paesi di lingua tedesca si consolida il successo dello scrittore, poeta e letterato. Scrive testi e recensioni letterarie per diverse riviste, pubblica inoltre volumi di poesie e racconti. Alla fine del 1911 intraprende un viaggio di tre mesi in Indonesia, Malesia e nell'ex Ceylon.

Il 17 dicembre 1905 appare, sulla rivista *Die Hilfe*, la prima recensione di Theodor Heuss a un'opera di Hermann Hesse, precisamente *Sotto la ruota*. Negli anni successivi, Heuss recensisce con regolarità i nuovi lavori di Hermann Hesse.

1906 *In estate Heuss si reca per tre settimane a Parigi, dove fa la conoscenza del pittore Hans Purrmann.*

1907 Insieme a Ludwig Thoma e Kurt Aram, Hesse avvia la pubblicazione di *März*, rivista di politica e cultura che si rivolge prevalentemente al ceto borghese e liberale della Germania del sud, ma con una apertura internazionale.

1908 *L'11 aprile Theodor Heuss sposa l'alsaziana Elly Knapp. In questo periodo, oltre ai contributi pubblicati su* Die Hilfe *scrive per diversi quotidiani borghesi, sia in patria che all'estero.*

Il 2 agosto, Hermann Hesse scrive a Theodor Heuss una cartolina postale; è il primo documento noto della loro corrispondenza.

1910 *Il 5 agosto nasce l'unico figlio di Heuss, Ernst Ludwig.*

fig. 34
Lettera di Hermann Hesse a Theodor Heuss del 2 agosto 1908, con una illustrazione ispirata a un disegno di Max Bucherer (traduzione del testo vedi p. 23).

1912 *Il 1° aprile, Heuss viene nominato caporedattore del quotidiano di Heilbronn, la* Neckar-Zeitung.

Nel mese di aprile si tiene probabilmente la prima visita di Hermann Hesse a casa di Heuss, ad Heilbronn.

In settembre, Hesse si trasferisce con la famiglia a Berna, in Svizzera. Cessa la sua attività di editore per la rivista *März*.

1913 *Heuss diventa caporedattore della rivista* März.

In estate, in occasione di un viaggio in Svizzera, Heuss fa visita ad Hermann Hesse a Berna e si trattiene a casa sua per l'intero pomeriggio. Questo primo e prolungato incontro rinsalda la loro relazione, come in seguito Heuss avrà modo di ricordare.

1914–1918 Dopo l'inizio della Prima guerra mondiale, Hesse viene riformato dal servizio militare per ragioni di salute. A partire dal 1915 lavora a Berna per il Servizio tedesco di assistenza ai prigionieri di guerra, che fornisce libri ai soldati tedeschi in stato di prigionia.

Anche Heuss viene riformato per motivi di salute dal servizio militare; continua a lavorare come giornalista e caporedattore presso la Neckar-Zeitung.

Il 1° novembre 1915, Theodor Heuss pubblica sul quotidiano *Neckar-Zeitung* un articolo in cui difende Hermann Hesse dalle accuse, mossegli dalla stampa nazionalista tedesca, di essere un «imboscato» e un «traditore della patria».

Nel corso della guerra, Hesse consolida sempre di più la sua posizione paficista. Una grave malattia del figlio più giovane e la morte del padre, nel 1916, lo conducono a un esaurimento nervoso. Si sottopone a una terapia psicoanalitica e inizia a dipingere. Nel 1918 Hesse e la moglie Mia decidono di comune accordo di separarsi.

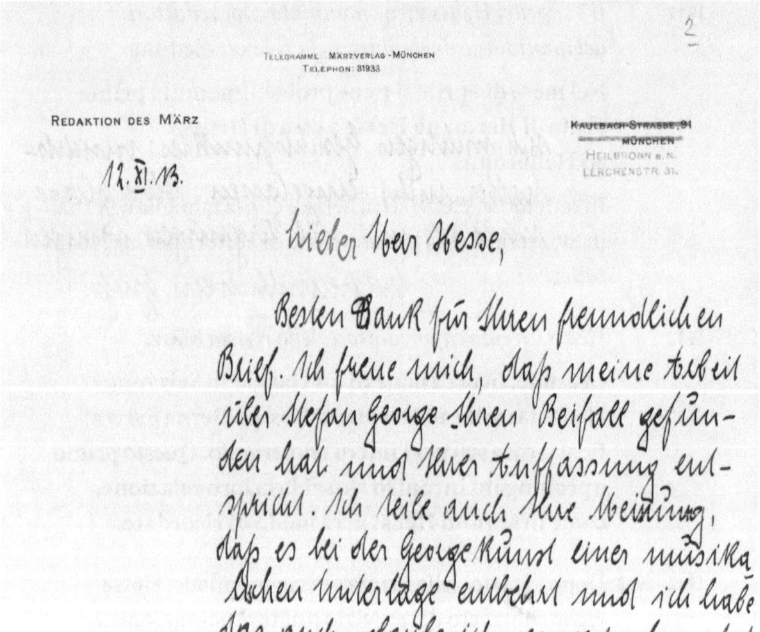

2

Telegramme: Märzverlag - München
Telephon: 31933

Redaktion des März

~~Kaulbach-Strasse 91~~
~~München~~
Heilbronn a. N.
Lerchenstr. 31.

12. XI. 13.

Lieber Herr Hesse,

Besten Dank für Ihren freundlichen Brief. Ich freue mich, daß meine Arbeit über Stefan George Ihren Beifall gefunden hat und Ihrer Auffassung entspricht. Ich teile auch Ihre Meinung, daß es bei der Georgekunst einer musikalischen Unterlage entbehrt und ich habe das auch, glaube ich, ausgesprochen, daß er auf optische Eindrücke stärker reagiert als auf klangliche und sicher keine musikalische Empfindung besitzt. Da ich aber selbst ein ziemlicher Musik-Böotier bin, habe ich mich auf eine weitere Durcharbeitung dieses an

fig. 35
Lettera di Theodor Heuss a Hermann Hesse del 12 novembre 1913.

Heuss e Hesse intrattengono una corrispondenza regolare. Tra il 1917 e il 1936 non vi è traccia però di lettere.

1918 *Heuss si trasferisce di nuovo a Berlino con la famiglia; assume per un anno la direzione redazionale della rivista* Deutsche Politik, *vicina alla Deutsche Demokratische Partei DDP, [Partito democratico tedesco]. Si iscrive al partito stesso ed entra a far parte del consiglio di amministrazione del Deutscher Werkbund [Lega tedesca degli artigiani].*

1919 A Berna, la famiglia Hesse si divide. I figli vengono sistemati presso amici o in collegio. In giugno esce, sotto pseudonimo, il romanzo *Demian*. Hesse si trasferisce a Montagnola, in Ticino, e prende alloggio a Casa Camuzzi. Si apre una fase di grandissima intensità ed energia creativa.

A Berlino, Heuss si impegna attivamente nella vita politica comunale.

1920 *Heuss inizia la sua lunga attività di docente presso la Deutsche Hochschule für Politik; tiene lezioni di storia dei partiti e della costituzione, oltre a lezioni sulla storia contemporanea più recente.*

1922 Hesse pubblica *Siddharta*

1923 Hesse divorzia dalla moglie Mia. Fino al 1931, durante l'inverno soggiorna per diversi mesi a Berna, Basilea o Zurigo.

1924 Hesse ottiene nuovamente la cittadinanza svizzera e in gennaio sposa la giovane cantante Ruth Wenger. Negli anni successivi attraversa nuovamente una pesante crisi.

A maggio, Heuss viene eletto per la prima volta deputato del Reichstag nelle file della Deutsche Demokratische Partei.

1927 Hesse si separa da Ruth Wenger. Pubblica *Il lupo della steppa*. Avvia una relazione con Ninon Dolbin, nata Ausländer.

1928 *Heuss perde il mandato nel Reichstag, dopo che il suo partito ottiene solo il 5% dei voti nelle elezioni per l'Assemblea Nazionale.*

1930 Pubblicazione di *Narciso e Boccadoro*.

Heuss viene nuovamente eletto al Reichstag nelle file del partito di nuova fondazione Deutsche Staatspartei [Partito dello Stato Tedesco].

1931 Hesse si trasferisce nella Casa Rossa a Montagnola. Matrimonio con Ninon Dolbin.

1932 *L'11 maggio, di fronte al Parlamento al completo riunito nel Reichstag, Heuss tiene un discorso fortemente critico sulle dichiarazioni programmatiche e la prassi politica del Partito Nazionalsocialista Tedesco dei Lavoratori (NSDAP). Pubblica quindi il libro* Hitlers Weg *[Il cammino di Hitler], che riprende i temi già trattati nel discorso in Parlamento, rivolgendosi però a un più vasto pubblico. Il volume viene pubblicato dall'editore Union Deutsche Verlagsgesellschaft di Stoccarda.*

Hesse pubblica *Il pellegrinaggio in Oriente* e inizia a lavorare a *Il giuoco delle perle di vetro*, che lo terrà occupato per ben undici anni.

1933–1945 Durante i dodici anni della dittatura di Hitler in Germania, Hesse e sua moglie si adoperano instancabilmente per permettere la partenza e la fuga di emigranti ed ebrei perseguitati, in particolare con donazioni in denaro, offerte di rifugio e soprattutto attraverso la redazione e l'invio di petizioni per documenti di viaggio, visti, permessi di soggiorno e di lavoro.

1933 *Nel mese di marzo, insieme a tutti i deputati di estrazione borghese, Theodor Heuss vota a favore del Decreto dei pieni poteri che concede al nuovo cancelliere Adolf Hitler la facoltà di esercitare il potere senza alcun controllo. Nel corso dei mesi successivi Heuss perde tutte le sue cariche e mandati, e con esse ogni possibilità di reddito. Assume la redazione della rivista* Hilfe, *senza riceverne compenso. La moglie Elly lavora invece con successo in campo pubblicitario e nel corso degli anni successivi assicura il mantenimento economico della famiglia.*

1934 Hesse diventa membro dell'Associazione degli scrittori svizzeri, allo scopo di operare più efficacemente in favore dei colleghi tedeschi emigrati.

1936 Nel mese di marzo Hesse riceve il Premio Gottfried Keller, conferitogli dalla Martin-Bodmer-Stiftung di Zurigo.

Nuovi documenti della corrispondenza tra Hesse e Heuss sono databili a partire dal mese di giugno.

Tra la fine di agosto e l'inizio di settembre Hesse trascorre nove giorni in Bassa Sassonia per sottoporsi a una cura oculistica. È l'ultimo soggiorno in Germania della sua vita.
Nel mese di settembre esce *Ore nell'orto.*

Alla fine dell'anno, su pressione del Ministero della Propaganda Heuss è costretto a rinunciare all'attività di redattore presso Die Hilfe; *può comunque continuare a pubblicare i suoi articoli, in particolare scrive per i quotidiani* Berliner Tageblatt *e* Frankfurter Zeitung.

Dal 1942, su personale richiesta di Adolf Hitler – che aveva letto un suo articolo e ricordava ancora con sdegno il volume che Heuss gli aveva dedicato nel 1932 – viene sottoposto al divieto di pubblicazione. Da quel momento e fino al 1945 Theodor Heuss pubblicherà i suoi interventi in modo anonimo, oppure sotto pseudonimo.

1937 **In occasione del sessantesimo compleanno di Hermann Hesse, Heuss è l'unico a pubblicare sulla rivista *Hilfe*, in Germania, un lungo articolo che celebra l'uomo e la sua opera.**

Alla fine dell'anno Heuss pubblica la prima di una serie di biografie, dedicata a Friedrich Naumann.

1939–1945 Gli scritti di Hermann Hesse vengono dichiarati indesiderati in Germania e non più ristampati.

1943 Hesse pubblica in Svizzera *Il giuoco delle perle di vetro.*

In autunno, Elly Heuss-Knapp e Theodor Heuss lasciano Berlino e si trasferiscono ad Heidelberg.

1945 *Nel mese di settembre Heuss ottiene, insieme ad altre tre persone nominate dall'Amministrazione militare americana, la licenza di pubblicare il quotidiano di Heidelberg* Rhein-Neckar-Zeitung. *Nello stesso mese, come membro della Demokratische Volkspartei DVP [Partito Popolare Democratico] viene nominato ministro dell'Istruzione del Land Baden-Württemberg e si trasferisce a Stoccarda.*

1946 In agosto esce in Germania *Il giuoco delle perle di vetro.* Il 28 agosto, Hermann Hesse viene insignito del Premio Goethe della Città di Francoforte. Sceglie di non ritirare personalmente il premio e devolve in beneficienza la relativa somma di denaro.

fig. 36
Cartolina postale con un ritratto di Hermann Hesse. Sul retro, scritto a mano, «Hermann Hesse. 1955».

fig. 37
Il 10 agosto 1957 in Val Fex
a Sils Maria, Alta Engandina.
Da sinistra: Ninon Hesse,
Hermann Hesse, Theodor Heuss,
Ernst Ludwig Heuss.

Il 10 ottobre Theodor Heuss pubblica sulla *Rhein-Neckar-Zeitung* una recensione de *Il giuoco delle perle di vetro.*

In novembre Heuss deve dimettersi dalla carica di ministro perché il suo partito non ha ottenuto abbastanza voti nelle elezioni del Landtag.

Il 14 novembre Hermann Hesse riceve il Premio Nobel per la Letteratura; anche in questo caso, lo scrittore decide di non ritirare personalmente il premio.

1947 In occasione del settantesimo compleanno dello scrittore, la Facoltà di filosofia e storia della Università di Berna gli conferisce la laurea *honoris causa.*

1948 *A partire da settembre, Heuss è nominato deputato presso il Consiglio parlamentare, con sede a Bonn. Il Consiglio ha il compito di stendere una costituzione per la futura repubblica tedesca, la cosiddetta Grundgesetz [Legge fondamentale]. Nel mese di dicembre viene fondata la Freie Demokratische Partei FDP [Partito Liberale Democratico] di cui Heuss viene eletto primo presidente.*

1949 *L'8 maggio il Consiglio Parlamentare licenzia la Legge fondamentale, il 23 maggio viene fondata la Bundesrepublik Deutschland (Repubblica Federale Tedesca). Il 12 settembre, Heuss ne viene eletto primo Presidente.*

1949–1961 Hesse e sua moglie Ninon trascorrono l'estate nell'Hotel Waldhaus di Sils Maria in Engadina.

1951 **In ottobre, Heuss fa visita a Hermann Hesse a Montagnola, trattenendosi presso di lui per mezza giornata. È il primo incontro personale dopo trentasette anni.**

1952 **In occasione del settantacinquesimo compleanno di Hermann Hesse, Theodor Heuss organizza a Stoccarda una celebrazione in suo onore e tiene personalmente il discorso di ringraziamento.**

Poche settimane dopo, muore Elly Heuss-Knapp.

1954 **Su impulso di Heuss, Hesse decide di accettare il conferimento dell'Ordine Pour le Mérite.**

Heuss viene eletto per la seconda volta alla carica di Presidente della Repubblica Federale Tedesca.

1955 **Hesse riceve il Premio internazionale per la pace degli editori tedeschi. Heuss è presente alla cerimonia, tenutasi a Francoforte, e accompagna Ninon Hesse, che ritira il premio al posto del marito.**

1957 **Dalla fine di luglio alla fine di agosto, Heuss trascorre una vacanza di quattro settimane nell'Hotel Waldhaus a Sils Maria in Engadina. Nello stesso periodo vi soggiorna anche Hesse. Sono settimane fatte di un intenso dialogo, di cui sono testimonianza alcune fotografie.**

1959 *Dopo la scadenza del suo secondo mandato, Heuss si trasferisce a Stoccarda.*

1961 **In agosto, dalla sua località di vacanza a Vulpera in Engandina Heuss fa visita a Hesse, che soggiorna nell'Hotel Waldhaus. I due si trattengono insieme per mezza giornata. È il loro ultimo incontro.**

1962 Hesse muore il 9 agosto per una apoplessia cerebrale. Viene sepolto nel cimitero di Sant'Abbondio a Gentilino, presso Montagnola.

1963 *Heuss muore il 12 dicembre dopo una lunga malattia. Viene sepolto nel cimitero Waldfriedhof di Stoccarda.*

fig. 38
Theodor Heuss e Hermann Hesse
il 10 agosto 1957 in Val Fex
a Sils Maria, Alta Engadina.

Lettere scelte, discorsi e recensioni

Eva Zimmermann

Lehrer gewann das slawische Element bedeutend an Boden, und heute konnte das Tschechentum Lattenbergs daran gehen, das aus eignem Sparpfennig erbaute Vereinshaus, das ein Sammelpunkt des tschechischen Lebens werden sollte, zu eröffnen. Natürlich ging's da ohne hochtönende Phrasen, aus denen selbst die Hoffnung, Michelburg oder gar die Hauptstadt zu erobern, herausklang, nicht ab. Wohl lagen in diesen Städten die Verhältnisse anders als eben in Lattenberg, aber der Deutsche wurde aufmerksam. Er, der in seiner Herrscherstellung bisher eine großzügige Politik getrieben oder auch die Entwicklung seines Gegners ganz übersehen hatte, erkannte plötzlich, daß einer Kampfesart voll kleiner, aber wohlüberlegter Schachzüge gegenüber erhabene Ruhe nicht am Platze war. Jetzt fing er an, sich zu rühren, jetzt wurde es ihm klar, daß er einem Feinde gegenüberstand, der, an deutscher Kraft erzogen, ihm fast ebenbürtig geworden war. Die Lattenberger Deutschen erkannten dies wenigstens. Michelburg fühlte sich noch zu sicher, um für seine Ruhe fürchten zu müssen, und so standen die Deutschen Lattenbergs vorläufig noch im Kampfe allein, ohne von dem deutschen Michelburg, das nur fünf Wegstunden entfernt war, Unterstützung erhoffen zu dürfen.

Fortsetzung folgt.

Herbstlied

Das Herbstlaub fällt, die Sonne blickt
Durch kahlgewordene Birkenzweige,
Ein mattes Blütenköpfchen nickt,
Als ob es sich zum Sterben neige.

Die weiße Wand ist brennend rot
Von Strähnen wilden Weins umflossen,
Als habe dran der grause Tod
Des Sommers Herzblut hingegossen.

Zwar irrt im Mittagssonnengold
Verspätet noch ein scheuer Falter,
Als ob er noch nicht glauben wollt',
Daß schon erklingen Sterbepsalter.

Manch Baum mit Blättern voller Saft
Trotzt noch dem ersten, leichten Froste,
Auf daß er noch mit alter Kraft
Den letzten Sonnentag durchkoste.

Doch ach, bald wird im eis'gen Nord
Der letzte grüne Zweig erbeben;
Das letzte Blatt vergilbt, verdorrt,
Der Tod ist stärker als das Leben.

Gustav Anders.

Büchertisch

Hermann Hesse: Gertrud. Roman. Verlag von Albert Langen in München. 301 S. Preis: 4 M

Gegen dieses neue Buch von Hesse lassen sich keinerlei festen Einwendungen machen, es erfreut durch eine gute, ruhige Sprache, es umschreibt eine enttäuschte Liebe und eine verunglückte Liebe mit einer schönen Zartheit, es trägt einen Ton von Musik durch diese Geschichte von musikalischen Menschen — aber doch bleibt ein leichter Stachel von Unbefriedigtsein, wenn man mit der letzten Seite fertig ist. Woran liegt das? Seinem Zweck ist der Dichter gerecht geworden, und er hat über seinen Inhalt die richtige Form geworfen — also muß man die künstlerische Leistung anerkennen. Gewiß, man tut das und wird nicht recht froh. Früher mußte man dem Dichter einmal sagen, er solle einen Romanstoff nicht zur Novelle zusammenpressen, diesmal: wäre nicht Knappheit eine Tugend gewesen? Aber indem er die Ich-Form wählte, indem er den verkrüppelten Komponisten die Freundschaft mit dem stürmischen, innerlich unbeherrschten Sänger, die Liebe zu der blonden und schönen Gertrud erzählen läßt, gibt er seinem alten Hang zur Reflexion und Breite nach. So kommt ein etwas grämlicher Zug in das Buch, den man bei dem Dichter des „Camenzind" und der schönen Knabenliebesgeschichte „der Lateinschüler" gerne vermißte. Aber er ist da und hat die Frische des früheren Hesse verdrängt. Hesse ist zu gescheit, um schlechte Sachen zu schreiben, aber er wird leicht in seinem Wollen zu bescheiden. Und er hat sich schon ein bißchen arg mit „seinem" Ton beruhigt. Ein guter Ton, aber er könnte etwas Auffrischung vertragen. Trefflich ist in diesem Buch die Gestalt des Sängers herausgekommen und das zermürbende Verhältnis zwischen Mutter und Sohn, bei der Frauengestalt der Gertrud werden die intimen Züge erdrückt unter der Sympathie des liebenden Erzählers.

Theodor Heuß.

Maria Seelhorst: Das Schicksal der Tänzerin Ermina Hautaine. Roman. Verlag von S. Fischer in Berlin. 274 S. Preis: 3.50 M.

Der Roman ist keiner von denen, die einen nie wieder ganz loslassen, weil man in ihnen lebt, solange man sie liest, und weil man ihre Menschen wie lebendige Freunde im Gedächtnis behält. Aber er steht doch weit über der gehaltlosen Durchschnittslektüre. Ein feiner, schöner Gedanke ist das Leitmotiv: ein hochbegabtes Mädchen geht in reiner Begeisterung in der Kunst auf; erst ist sie Bildhauerin, dann Tänzerin; immer ganz Künstlerin. Deshalb gewinnt die Liebe nicht Macht über sie; erst nach Jahren des Leidens und Erlebens reift sie zu verstehender Nachsicht und opferwilliger Hingabe; nunmehr ganz Weib in ihrer Liebe. Die Geschichte ist gut erzählt, wenn auch stellenweise das Deutsch und durchweg die Interpunktion besser sein dürfte. Aber eben nur erzählt, nicht gestaltet. Schönheit und Liebe werden beschrieben, aber selber haben sie keine Sprache. Deshalb behalten die Charaktere und Ereignisse etwas Unwahrscheinliches und Farbloses trotz aller Worte und aller liebevoll ausgemalten Bilder. Wollte die Verfasserin ihr schönes Talent mehr zusammenfassen, sich weniger Reflexionen der Seelenzustände und auch weniger äußerliche Beschreibungen erlauben, so würde der nächste Roman sicherlich an Tiefe und Wahrheit gewinnen. B. G.

Alfred Polgar: Bewegung ist alles. Novellen und Skizzen. Verlag von Rütten und Loening in Frankfurt a. M. 148 S. Preis: 2 M.

Alfred Polgar hat außerordentlich viel Sinn für die assoziative, emotionelle Seite des Wortes und des Satzes. Ich möchte ihn in erster Linie einen Wortkünstler nennen; denn, wenngleich seine Geschichten interessante Variationen der Stoffe des Lebens und der Liebe sind, kommt es doch ganz wenig auf den Gegenstand, auf die Wickelkindlichkeiten des Anekdotischen, an. Er manifestiert sich in sprachlicher Differenziertheit, die dann schon sekundär, vermöge der besondern Stimmung, der besondern gedanklichen Qualität, jene grimassierende Ironie, jenen Feueruriel-dreh-dich-Humor erzeugt. Als „humorvoll" möchte nun unser Autor nicht gegrüßt werden, und auch nicht als wienerisch. Er pflegt die scheinbare Trockenheit, die sympathische Unsentimentalität. Da er nicht selbstverständlich sein will, meidet er auch (und das ist beinahe neu) das Vulgärromantische. Nun ist Polgar kein Extrem-Radikaler; er hat eine leichte Hand (der literarhistorisch Engagierte würde sagen, es führten Linien von den Virtuosen der Technik Maupassant und Schnitzler zu ihm), und seine artistischen Formen sind nicht so zart und verschwiegen, daß sie verschwömmen oder sich gar aufhöben. Dennoch wirkt er auf mich des öfteren zu abstrakt. Man soll nicht so geistlos sein, Herrn Polgar mit dem Epitheton „geistreich" phraseologisch beikommen zu wollen. Doch fehlt das große, gigantische, erlittene Thema. Die große Linie, welche mehr ist als le mot qui peint. Man sieht, ich prunke bloß mit den Federn Schillers und Dostojewskis. Und schließlich müssen auch diese Kraftvergeudungen als künstlerisch gelten.

Arthur Salheim.

Käte Stellmacher: Menschen-Geschichten. Verlag von E. Pierson in Dresden und Leipzig. 168 S. Preis: 2 M.

Die Verfasserin vereinigt vierzehn novellistische Skizzen, die im Laufe der Jahre in Zeitungen und Zeitschriften gedruckt wurden, in diesem Bändchen. Die Menschen-Geschichten sind Bekenntnisse einer empfindsamen Seele, die oft mit einem Septimenakkorde schließen, den der Leser im eignen Innern aufzulösen hat. Wie Schumanns leise, geheimnisvoll drängende Musik zu seines Dichters: „Im wunderschönen Monat Mai" klingen sie an unser Ohr, und wie dort, wenn ihre letzten vier Töne zu einer Harmonie sich gefunden haben, dann hauchen sie eine eindringliche Frage, die wie der Gleichgültige sie überhört, in denkender Seele treibt und wirkt, bis ihr die rechte Antwort wird. Käte Stellmacher gehört zu dem „zarten, leicht verletzlichen Geschlecht", das von einem Großen zum Hüter dessen „Was sich ziemt" bestellt wurde, und sie waltet dieses Amtes, indem sie Augenblicksaufnahmen zu Stimmungsbildern ausmalt. Das Vergängliche einer harten oder heiteren Stunde, das vielen als Gleichnis verfliegt, wird unsrer Verfasserin zum Ereignis. Sie durchkämpft und durchzittert das Miterlebte, bis sie geläutert es gegenständlich vor sich und von sich stellen kann. Eine frühere Schrift über Klingers Plastiken, die sie im Leipziger Museum sah, schließt Käte Stellmacher ungefähr so: „Als ich den Kunsttempel verließ, trug ich Michelangelo im Gedächtnis; Klinger aber lebte in meinem Herzen!" Das Wesentliche dieser Worte, nämlich das, was aus dem sie umflutenden Leben sie anpackt, zum Gestalten zwingt, tritt auch in diesem Bändchen zutage. So können diese Menschen-Geschichten für besinnliche Laute zu Menschenschicksalen werden.

Paul Hoffmann.

fig. 39
Theodor Heuss a proposito di *Gertrud* di Hermann Hesse, in: *Die Hilfe – Zeitschrift für Politik, Wirtschaft und geistige Bewegung*, n. 45, 1910, p. 725.

Theodor Heuss a proposito di *Gertrud* di Hermann Hesse, in: *Die Hilfe – Zeitschrift für Politik, Wirtschaft und geistige Bewegung*, n. 45, 1910, p. 725.

Non ci sono particolari obiezioni da fare a questo nuovo libro di Hesse che, molto godibile per la bontà e la pacatezza della lingua, descrive in modo delicatissimo una storia d'amore deluso e una di amore infelice, e infonde una musicalità in questa storia di persone dell'ambiente musicale – tuttavia, quando si arriva all'ultima pagina resta una sottile punta di insoddisfazione.
Da cosa dipende? L'autore ha corrisposto allo scopo che si era prefisso, ha scelto la giusta forma per il suo contenuto: non si può che riconoscere l'ottimo risultato artistico. Certo, lo si riconosce, ma non si è comunque soddisfatti. In passato ci siamo trovati a suggerire all'autore di non comprimere in una novella una materia adatta a un romanzo; questa volta: una maggiore sintesi non sarebbe stata un pregio? Hesse sceglie la forma dell'io narrante e fa raccontare dalla voce del compositore storpio la storia dell'amicizia con l'impetuoso e inquieto cantante, l'amore per la bionda e bella Gertrud, ma nel farlo cede alla sua antica tendenza a diffondersi in riflessioni. Il libro assume così un tono in certo qual modo aspro, che si sarebbe preferito non sentire nell'autore del *Camenzind* e del bel racconto di un amore adolescenziale *Der Lateinschüler* [Lo studente di latino]. Quel tono, invece, si avverte, e finisce per far dimenticare la freschezza del primo Hesse. L'autore è troppo intelligente per scrivere cose di cattiva qualità, ma si rende facilmente troppo timido nelle sue aspirazioni. E sì che del «suo» tono si è già un po', come dire, contentato. Il tono funziona, ma avrebbe potuto concedersi di ravvivarlo un po'.
Molto riuscita, in questo libro, è la figura del cantante e la descrizione del rapporto logorante tra madre e figlio, mentre nella figura di Gertrud i tratti più intimi sono soffocati dalla simpatia della voce narrante dell'innamorato.

Hermann Hesse a Theodor Heuss, 17 novembre 1910.
Deutsches Literaturarchiv Marbach.

Stimato signor Heuss,
non sono un uomo che non sopporti le critiche. Ha perfettamente ragione quando critica noi autori e, da esperto di economia politica, assume un punto di vista pratico e anestetizzante – una novità assolutamente benvenuta. Ha senz'altro ragione anche nella sua critica alla *Gertrud*: in effetti non ho più la freschezza che avevo otto anni fa, quando ho scritto il *Camenzind*, e mi sembrerebbe stupido fare come se l'avessi. Per me gli ultimi sei anni sono trascorsi fra disturbi nervosi e fastidi agli occhi, c'è stata anche un'operazione – cose del genere non rendono certo più freschi, ed è solo da poco tempo che ho iniziato a risalire la china. Non mi sembra, però, che Lei abbia ragione riguardo al «tono», proprio dalla sua prospettiva di uomo pragmatico che apprezza il lavoro: credo, infatti, che siano ben pochi gli autori tedeschi al giorno d'oggi che curano la lingua con coerenza e vigore, e direi addirittura passione, più di quanto non faccia io. [...] In breve, non mi sento né danneggiato, né offeso dal suo giudizio: mi sento piuttosto incompreso proprio nel punto essenziale del mio talento e del mio lavoro, che eseguo con la massima coscienziosità. Se esiste in Germania un autore, oltre a [Emil] Strauß, che non alleggerisce il suo «tono» e non butta giù con disinvoltura le sue frasi, quello sono io. Ed è questo – a me pare – forse l'unico valore profondo del mio lavoro in grado di durare oltre il qui e l'ora: perché la nostra lingua si sta guastando, tra scrittori da feuilleton ed ebrei, e non si arriva a contare più di una ventina tra i nostri autori più famosi che scrivano in coscienza un tedesco chiaro e limpido.
Queste righe non mirano a chiedere una pubblica rettifica del suo giudizio. Non è questo che mi importa. Vorrei però che Lei, da me così tanto stimato come lettore serissimo, modifichi un po' il suo giudizio su questo punto centrale, magari in forma del tutto privata, senza dirmelo. Lei non sa che ho lavorato a lungo e con grande fatica per trovare il «tono» di questa

Gertrud, di cui purtroppo conosco gli altri difetti; ed è proprio riguardo al tono che la mia coscienza non ha il minimo rimorso. Nascosti nei miei cassetti giacciono due enormi manoscritti di cento pagine ciascuno: in entrambi ho cercato di raccontare la *Gertrud* non in prima persona, ma in terza, in forma puramente epica.

È stato un lavoro che ha preso due inverni; durante il terzo inverno ho riscritto l'intera storia in prima persona, dopo averci riflettuto per otto mesi.

Naturalmente la prego di trattare in modo confidenziale queste informazioni, tratte dalla mia officina personale! E la prego di non rispondermi – io stesso non sono, del resto, uno che scrive lettere.

Theodor Heuss a Hermann Hesse, 19 novembre 1910. Deutsches Literaturarchiv Marbach.

Egregio signor Hesse!
mi perdoni se, contravvenendo al suo desiderio, rispondo alla sua gentile lettera con alcune osservazioni. Lungi da me voler provocare una discussione senza fine. Tuttavia, se Lei desiderava non essere frainteso da me nel suo lavoro, così io non vorrei che Lei credesse che io vada cercando il nucleo della sua produzione artistica nel punto sbagliato. Avverto senz'altro l'enorme disciplina della lingua nei suoi lavori, e le concedo sicuramente che sono pochi gli scrittori al giorno d'oggi in grado di lavorare con analogo senso di responsabilità. Auspicherei, però, che Lei volesse impegnare questa sua forza espressiva per descrivere un quadro più vasto del mondo. Perciò ho espresso ripetutamente una certa insoddisfazione nel recensire i suoi libri: non riguardo a singoli risultati artistici, ma solo perché vorrei incoraggiarla a confrontarsi con compiti più grandi. Compiti più grandi, in questo caso, significa qualcosa come uno sguardo più ampio sulla vita sociale e sui temperamenti psicologici. Mi piace pensare, a questo proposito, a un uomo che in Germania avrebbe le capacità e il dovere di scrivere romanzi del respiro e del livello di Flaubert – ma Thomas Mann è troppo ironico per farlo. Ora, non voglio dire a Lei: sia il Flaubert tedesco! Voglio dire però qualcosa di simile. Forse non è stato corretto da parte mia dire che si è contentato del suo tono; devo ammettere in effetti che «il suo tono», vale a dire il suo modo di esprimersi, è cambiato per molti aspetti. Intendevo però dire: Hesse non vuole abbandonare il terreno che domina perfettamente da sempre. Magari Le sembra pretenzioso che adesso in questa lettera io mi metta accanto a Lei e cerchi di scuoterla. Ma spero che almeno Le mostri la stima e il rispetto che nutro per il suo lavoro.
E visto che per me è un po' spiacevole vederla in apparenza credere che io parli senza cogliere il suo carattere autentico, mentre resto fisso all'entusiasmo del *Camenzind*, vorrei permettermi di citare, senza particolare vanità, la frase che ho

scritto quasi due anni fa nell'introduzione ai *Sieben Schwaben* [I sette svevi]: «Il suo carattere non coincide con la leggerezza e con la libertà originaria del poeta, bensì con un intelletto estetico molto sensibile, che ha imparato a dominare i suoi strumenti con un senso intelligente e sottile della lingua.» E così via. Mi sembra che questa frase corrisponda abbastanza a quello che Lei stesso esprime nella sua lettera.

Non se ne abbia a male se mi sono diffuso così tanto nei particolari. Davvero questa lettera non aspetta risposta, ma ha lo stesso scopo della sua: eliminare un malinteso, che mi troverei a rimpiangere.

Con i saluti più cordiali

Suo devoto Theodor Heuss

Hermann Hesse a Theodor Heuss, 21 novembre 1910.
Deutsches Literaturarchiv Marbach.

Stimatissimo signore, grazie mille per le sue parole equilibrate e benevole. Dovremmo trovarci una volta a discutere per un'intera serata! Ho voluto sperimentare qualcosa di nuovo nella materia della *Gertrud* proprio perché il libro affronta il tema della difficile ricerca di equilibrio che fa vibrare senza sosta le corde di un vero artista: da un lato, equilibrio tra amore per il mondo e fuga dal mondo; dall'altro, l'equilibrio tra sete e soddisfazione. Dall'esterno può darsi che non sembri un grande tema, ma lo è dal punto di vista psicologico. – L'idea del Flaubert tedesco sarebbe stupenda: essendo ancora giovane non voglio promettere nulla, ma sono terrorizzato dal rischio che opere simili comportano dal punto di vista artistico. Scrittori di grandi capacità come Zola hanno fallito. E poiché di nascosto scrivo liriche, il desiderio di comporre una melodia è per me forse maggiore, in ultima analisi, rispetto a quello di penetrare grandi temi, per quanto nella «vita privata» io mi senta intellettualmente avvinto da questi ultimi.
In ogni caso, La ringrazio di cuore per la sua serietà, si impara molto dalle sue critiche e dal suo modo di vedere!
Con profonda stima, Suo H. Hesse

Hermann Hesse su Theodor Heuss, *Schwaben und der deutsche Geist* [La Svevia e lo spirito tedesco],
in: *Neue Zürcher Zeitung* dell'11 agosto 1915.

In una raccolta di saggi [...] Theodor Heuss ha pubblicato un piccolo lavoro, molto bello, sulla Svevia e lo spirito tedesco.
Per noi liberali originari del sud del Paese, il fatto che la Germania meridionale eserciti una forte influenza nell'orientare la politica tedesca assume – e assumerà anche in futuro – tutta la rilevanza di una questione vitale: questo volumetto è per noi allora particolarmente prezioso, poiché rappresenta un ottimo studio, comprensibile a tutti, sul modo in cui fino a oggi il Sudovest liberale ha partecipato alla costituzione dello Stato tedesco. In primo luogo, si mette in luce ancora una volta il fatto che, prima di Bismarck, nessuno ha lavorato tanto per preparare l'unificazione tedesca quanto Napoleone Bonaparte. In seguito, però, l'elemento svevo riceve un apprezzamento sottile ed equilibrato nell'ambito della vita intellettuale tedesca, un apprezzamento per nulla segnato da tratti di patriottismo locale [...]. Questo volumetto offrirà preziose conoscenze e salde conferme a tutti coloro – e sono molti – che amano il carattere tedesco e hanno a cuore il suo futuro, senza tuttavia farsi accecare dallo spirito imperante del momento.
Validissimo giornalista e politico svevo, l'autore si dimostra in questo caso anche uno storico e divulgatore efficace, in grado non solo di proporre un punto di vista originale schiudendo nessi affascinanti, ma anche di rendere giustizia alla sua patria con grande finezza di analisi, con il talento di uno psicologo nel comprendere l'anima del popolo.

Theodor Heuss a Hermann Hesse.
Deutsches Literaturarchiv Marbach.

Caro signor Hesse,
molte grazie per le sue righe. La sua lettera mi ha preceduto, avevo intenzione di scriverle. Non avevo notato la polemica suscitata dalla lettera ai Danesi, ma nell'edizione di ieri del *Generalanzeiger* vedo questo articolo che Le inoltro, e che probabilmente deve essere passato dalla *Süddeutsche Zeitung* di Stoccarda. (Anche lì, infatti, devono averla attaccata in questi giorni.) Non sapendo se questa versione Le è già capitata tra le mani, gliela invio – è probabile che venga stampata anche altrove da altri *Generalanzeiger* a caccia di scandali. Per parte mia, vorrei dire qualcosa in proposito, se mi riesce di avere sotto gli occhi i suoi articoli che hanno scatenato questa reazione – li avevo letti a suo tempo, ma sono pessimo nel raccogliere e conservare carte. L'inizio dell'articolo zurighese dovrebbe interpretarlo Lei stesso – per una replica può pubblicare sul *März* oppure, se preferisce una via più rapida, la *Neckar-Zeitung* è a sua completa disposizione, e io poi la spedirei eventualmente ai dovuti destinatari. In caso Lei voglia lanciare adesso il contrattacco, sarebbe giusto o citare in dettaglio il suo articolo zurighese, oppure chiamare in causa le componenti fondamentali di un sentimento umano di patriottismo, oppure raccontare qualcosa del suo lavoro concreto di assistenza ai detenuti, che dal punto di vista patriottico ha molto più valore dell'attività dei giornalisti calunniatori.
Il manoscritto del *März* dovrebbe arrivare qui giovedì.
Cordialmente Suo Theodor Heuss
Ps: più tardi cercherò comunque di scrivere qualcosa sul «caso Hesse» nella Nztg [Neckar-Zeitung].

Nota della curatrice: l'«articolo inoltrato» a cui Heuss fa riferimento è l'editoriale del *Kölner Tageblatt* del 24 ottobre 1915, ristampato anche in numerosi quotidiani della Germania meridionale.

Theodor Heuss, *Hermann Hesse, il «senza-patria»*, in: *Neckar-Zeitung* del 1° novembre 1915.

Il *Kölner Tageblatt* ha pubblicato un attacco contro Hermann Hesse, autore e poeta svevo residente a Berna da alcuni anni, criticando certe sue dichiarazioni sulla guerra [...] Alcuni quotidiani del Baden-Württemberg hanno ristampato l'articolo, e certamente, come è costume procedere qui da noi, si farà di tutto affinché, per qualche tempo, Hesse sia «rovinato». Credo di onorare un semplice dovere di amicizia dicendo qualcosa sul modo in cui si sono svolti i fatti. Non ho certo bisogno di «difendere» Hesse – poiché presumo che si difenderà da sé, se la faccenda gli sembrerà troppo seccante [...]
Hesse non era in Germania quando la guerra è iniziata, ed è stato un momento che ci ha sconvolti tutti. Può darsi che questa sua assenza sia avvertita come una mancanza. Lo scrittore è tornato solo adesso, e sta cercando di raccapezzarsi in questo viaggio in un mondo nuovo. Nel farlo, descrive l'aspetto con cui la sua patria gli appare oggi: più vicina e familiare, più forte e concreta di quanto non avesse creduto. È quasi tentato di rimproverarsi per essere stato così scettico quando era all'estero.
Ma perché era stato scettico? Perché aveva scambiato la stampa e la letteratura per la voce del popolo. Questo è l'unico rimprovero concreto che gli si potrebbe muovere. Lo aveva irritato vedere l'intero mondo letterario cambiare diametralmente direzione, vedere come agiva di fronte al concretizzarsi della guerra – anche se nel frattempo sappiamo che la maggior parte dei risultati che ne sono scaturiti sono stati molto mediocri. Hesse ha opposto resistenza alla retorica degli editoriali che trasformavano l'immensa tristezza e gravità degli avvenimenti in un assordante, e spesso falso, pathos [...]
Se è vero che tutti sono convinti che la guerra renda gli uomini migliori [...], esistono però nature incapaci di distogliere lo sguardo dai mucchi di cadaveri senza inorridire. Nature simili non godono della felice condizione delle anime più algide.
Si potrà anche tacciarle di sentimentalismo, e di sicuro non sono

fatte della fibra di cui il nostro tempo ha bisogno per forgiare la sua storia. Perché però chiamarle «senza patria»? Opponiamo resistenza all'idea per cui ostentare forza con le parole rappresenterebbe l'unica forma ormai consentita al carattere tedesco. Certo, tra l'atteggiamento di Hesse verso la guerra, per come lo capisco io, e l'atteggiamento che sto esprimendo in queste righe, esistono notevoli differenze. Hesse non è un politico che pensa storicamente, ma un artista, un poeta: nella sua visione del mondo, l'orientamento umanitario universalistico è ben vivo e influente. Solo chi non conosca la storia dello spirito tedesco, però, potrà avvertire questo tratto come non tedesco: è completamente assurdo chiamare in causa contro questa concezione umanitario-universalistica proprio Schiller, che ne è stato invece l'espressione intellettuale. Indubbiamente, il registro usato da una parte della stampa in tutti i Paesi rende ben comprensibile la preoccupazione di chi pensa che la guerra rappresenti il naufragio di qualunque obiettivo umanitario comune. Per noi questa non è una preoccupazione, poiché pensiamo che gli effetti più fecondi del lavoro umanitario si mostrino nel quadro dell'unità nazionale. E tuttavia, non si dovrà invero dire: confidiamo che il carattere tedesco non dovrà mai temere, né proibire lo scambio con altre culture? Per il nostro quadro economico generale, è ovvio che lo scambio internazionale dovrà ristabilirsi; anzi, il nostro settore manifatturiero spera di riuscire a incentivarlo. Nel settore scientifico, però, non vale lo stesso! Solo chi non conosca il cammino della storia e non sappia tenersi lontano dalle insulsaggini quotidiane, potrà fare di queste considerazioni degli articoli di fede. Ammettiamolo: Hesse non è un uomo battagliero; come soldato sarebbe del tutto inadatto, per la sua delicatezza, miopia, fragilità nervosa. Racconterà lui stesso come sia stato capace di attirare su di sé il sospetto di fare l'«imboscato». Al giorno d'oggi, infatti, «imboscarsi» non è più possibile – lo Stato arruola tutti coloro che può impiegare, ma ci sono persone che gli paiono più di ostacolo che di aiuto nei suoi ranghi, e che possono essere utilizzate eventualmente altrove in modo più proficuo. Ora, l'autore dell'attacco e i suoi divulgatori si lascino dire che Hermann

Hesse ha lavorato per la patria sia ora che in passato, e questo lavoro si può considerare benissimo di pari impegno rispetto al loro. In passato: ecco, se il patrimonio più ricco di un popolo è la sua lingua, allora mi pare che chi esprime in questa lingua sentimenti elevati, nobili e veri, lavori ad accrescere il patrimonio della nazione. Non intendiamo qui parlare del poeta Hesse, né del modo in cui è valutato. Vogliamo dire soltanto che nell'armonia incorrotta della sua lingua si coglie nel modo più chiaro il patrimonio antico del tedesco e che, per quanto non si sia lanciato a cantare il peana della guerra, restando invece con onestà e pudore entro i confini della sua natura, Hesse ha creato un'arte purissima e incorrotta proprio nel pieno della guerra, un'arte non ancorata alle vicende contingenti, ma all'anima del poeta [...]
E poi al momento attuale: d'accordo con le autorità tedesche, Hesse organizza l'assistenza ai nostri prigionieri di guerra fornendo loro libri. Mette insieme biblioteche intere per i campi di prigionia francesi: certamente è più semplice compiere questa operazione da Berna che non da Berlino. I suoi avversari continuino pure a considerarle sciocchezze, visto che loro stessi scrivono i loro articoli nelle trincee. Hesse esegue con grande diligenza un lavoro molto semplice che non mira ad attirargli la fama; è una sorta di guida spirituale, per la quale questo conoscitore finissimo della nostra poesia e del nostro popolo possiede più di altri la vocazione [...] Probabilmente anche i nostri soldati, in fondo, considerano il lavoro di Hesse molto più necessario e degno di riconoscenza di quanto non siano tutti gli articoli dei giornalisti di Colonia messi insieme.
Non so se abbia fatto davvero irritare Hesse il fatto che il *Kölner Tageblatt* lo abbia chiamato un «senza-patria». Può darsi che abbia reagito con una certa calma sveva, ricambiando l'amico renano con un ben noto modo di dire. Però, che lo si sia fatto passare per una persona spregevole proprio nella patria da lui descritta nel modo più fedele e accurato, in quella stessa patria che ha fornito il carattere e il terreno da cui sono scaturiti gli argomenti della sua poetica, deve essere stato alquanto doloroso

per lui (anche se, nella sua sensibilità linguistica, il fatto di essersi scosso «internamente» la polvere dalle scarpe, secondo un modo di dire di quelle zone, deve aver destato una reazione particolarmente ironica).

Con queste righe – semplici accenni di qualcosa che si agita più in profondità – ho voluto pregare il lettore, il lettore lucido e non confuso, affinché, in questa campagna denigratoria ai danni di Hermann Hesse destinata certamente a protrarsi, e nell'appello palese al boicottaggio delle sue opere, resti diffidente nei confronti degli slogan che oggi più che mai ottundono i sensi, e affinché, anche quando nutra un'ostilità oggettiva contro un modo di sentire che potrebbe considerare «inattuale», non rinunci tuttavia al senso di giustizia e di dignità.

Hermann Hesse, *Im Schützengraben* [In trincea], recensione apparsa su *März* del 13 novembre 1915.

Si dice di continuo che la guerra cambia le persone. Io, però, nel leggere adesso il nuovo breve libro sulla guerra dal titolo *Im Schützengraben* di Albert Leopold (apparso presso l'editore Thienemann a Stoccarda), mi sento esattamente come mi sentivo alcuni mesi fa nel leggere *Feldgrau* [Grigio scuro] di Martin Lang. Mi trovo a leggere di un uomo fine, amabile, svevo in tutto e per tutto, che combatte la guerra mese per mese, la combatte con rigore metodico, e tuttavia, non appena si ritrova a pensare, a scrivere, a meditare e comporre poesie, ecco che torna a essere quello che era sempre stato. Non un pacifista dall'animo delicato, arruolatosi nel nome di Dio e per dovere, bensì un soldato convinto, allegro e sincero – che tuttavia è un uomo amabile, tenero, i cui pensieri, le cui esigenze, sono radicati nell'intimo dell'anima: un uomo dal modo di vivere e di vedere nobile e cordiale. È così consolante, tanto più che gli esaltati della guerra (che però non sono al fronte) continuano a dirci che non abbiamo la minima idea di cosa pensino e di come vivano i soldati, e che bisognerebbe mandare al diavolo tutte quelle fantasticherie umanitarie!

No, noi vogliamo restare fedeli, piuttosto, a quelle fantasticherie, e vogliamo rallegrarci di ogni indizio che ci mostri che i nostri fratelli e amici al fronte non torneranno con la mentalità di materialisti abbrutiti.

Il piacevole libro di Leopold racconta essenzialmente fatti minuti di vita quotidiana nell'arco della lunghissima guerra di posizione sul fronte polacco. Niente colpi di teatro, e neppure tanto odore di sangue, ma in compenso vi si trova proprio ciò che avevamo sempre voluto sapere: come trascorrono in realtà i giorni e le notti, cosa fa là fuori la nostra gente, cosa deve realizzare, cos'è che le manca e cosa ha in abbondanza, come dispone gli spazi angusti in cui si trova ad abitare e come trascorre gli eventuali momenti di riposo. Di tutto questo Albert Leopold riferisce con una vividezza e una freschezza quasi piacevoli, e tra un racconto

e l'altro, quando d'improvviso si fa sentire tutta la serietà della situazione e si affaccia la morte, allora la serietà e la morte appaiono molto più vere che non nelle novelle, dove il lettore le vede arrivare dopo molte pagine di preparazione.
Per noi svevi, in particolare, questi due libri, *Feldgrau* di Lang e *Im Schützengraben* di Leopold, sono attualmente i migliori libri popolari sulla guerra: il primo è ambientato nelle primissime settimane del conflitto, un periodo vissuto senza respiro con il cuore in gola; il secondo, nel lungo lasso di tempo della guerra di posizione, arenata in uno stallo in apparenza senza fine.
Se qualcuno là fuori ne avrà uno da leggere, ne sarà grato.

Theodor Heuss a Hermann Hesse, 6 ottobre 1936.
Archivio svizzero di letteratura, Berna.

Berlino – Lichterfelde, Kamillenstraße 3
Caro signor Hesse,
il biglietto che il signor Popp mi ha trasmesso mi ha fatto molto piacere, benché abbia avvertito con dolore il suo tono rassegnato, che riesco bene a capire. Sono contento che almeno il mio piccolo foglio sia stato per Lei come un gradevole saluto; io stesso non so per quanto ancora sarò in grado di mandare ogni tanto saluti simili. Come può immaginare, infatti, amministrare l'eredità intellettuale di Naumann, come cerco di fare, è un'impresa alquanto rischiosa.
Jäckh mi ha raccontato di averle fatto visita all'inizio dell'estate – al poveretto è stato asportato un terzo dello stomaco otto giorni fa, ma sembra sulla via della guarigione e spera di poter iniziare una sorta di «vita nuova».
Ci sarà occasione di rivederci? Berlino non l'attirerà immagino, mentre a noi il mondo ha chiuso le porte per varie ragioni – ma ci sarebbe moltissimo di cui parlare, di esperienze umane e materiali. Quanto a me, da quando ho dovuto interrompere l'attività di insegnamento, oltre a una pubblicistica quotidiana un po' scarsa e limitata, sto lavorando a una biografia di Heinrich Naumann, ricostruita nei dettagli a partire dalle carte del suo lascito, e spero che restituisca un'immagine accurata dell'uomo e del suo tempo. Peccato solo che i tumulti del presente incidano troppo spesso sulle sensazioni, strappandole alla contemplazione del passato.
Il peso del vivere ricade quasi interamente su mia moglie.
Ha dimostrato grande flessibilità lanciandosi in campo pubblicitario: ha fatto dischi per la radio, adesso realizza filmati pubblicitari, redige prospetti – tutto un po' faticoso, ai limiti delle sue forze. Però ha sviluppato un'abilità particolare: negli intervalli ha scritto un piccolo libro, *Ausblick vom Münsterturm* [La vista dal campanile del Duomo], che contiene i suoi ricordi dell'Alsazia, e un capitolo centrale è occupato dal periodo che ha trascorso a Heilbronn – ne è risultato un discreto successo.

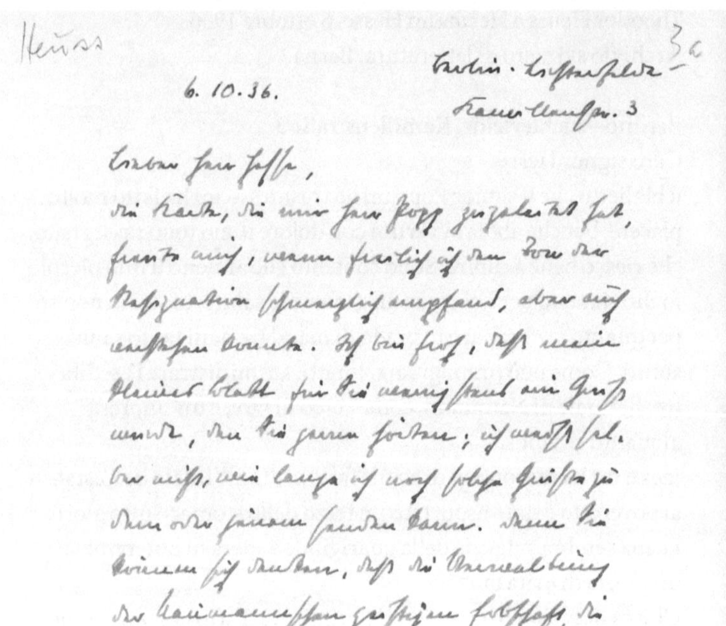

Heuss 3a

Berlin-Lichterfelde
Kamillenstr. 3

6. 10. 36.

Lieber Herr Hesse,

die Karte, die mir Herr Hoß zugeleitet hat, freute mich, wenn freilich ich den Ton der Resignation schmerzlich empfand, aber auch verstehen konnte. Ich bin froh, daß mein kleines Blatt für Sie wenigstens ein Gruß wurde, den Sie gerne hörten; ich weiß selber nicht, wie lange ich noch solche Grüße zu dem oder jenem senden kann. Denn Sie können sich denken, daß die Unterhaltung der Naumannschen geistigen Botschaft, die ich versuche, ein etwas fragwürdiges Unternehmen darstellt.

[illegible] hat mir von seinem [illegible] bei Ihnen erzählt – dem armen Kerl hat man vor acht Tagen $\frac{1}{3}$ seines Magens herausoperiert, aber die Genesung läßt sich gut an und er hofft, ein [illegible] [illegible] von seinem Leben anfangen zu können.

fig. 40
Lettera di Theodor Heuss
a Hermann Hesse del 6 ottobre 1936.

Potremmo inviarle questo libretto? Ultimamente Saenger l'ha voluto segnalare sulla *Neue Rundschau*, ne ha scritto personalmente parole molto gentili, poi però ha lasciato cadere.
I disegni di paesaggio inseriti nel libro sono miei – Lei scuoterà la testa, vedendo che ho seguito le sue tracce. Adesso però ho raccontato di me e di noi più di quanto Lei potrà considerare rilevante. Ma le sue parole cortesi mi hanno commosso con quella sorta di richiamo antico del passato – ed ecco che è arrivata quest'eco.
Per *Ore in giardino* la ringrazio molto – i pochi metri quadrati della nostra casa in affitto dovranno pur dare anche gioia e frutti, e questo è sempre possibile. Anch'io ho alle spalle una fase campagnola – per me è un'occupazione sacra quella di raccogliere pere e mele dalla spalliera.
Con i saluti più cordiali, anche da parte di mia moglie,
Suo Theodor Heuss

Theodor Heuss a Hermann Hesse, 30 giugno 1937.
Archivio svizzero di letteratura, Berna.

30 giugno 1937, temporaneamente da Lindenberg (Allgäu)
presso l'ex ministro, Dr. Geßler
Caro e stimato signor Hesse,
da due settimane mi trovo quassù con più di mille pagine dattiloscritte e rivedo la mia biografia di Naumann, che uscirà in autunno – un lavoro faticoso, ma purtroppo necessario; per la stesura ci sono voluti degli anni.
Un paio di giorni fa l'ho interrotta per scrivere sulla *Hilfe* qualche parola sui suoi nuovi libri – e visto che oggi ho ricevuto due copie delle bozze di stampa, mentre il foglio uscirà solo dopo il suo compleanno, mi sento autorizzato a inviarle a casa una copia delle bozze. So bene che ci sarebbe stato molto di più da dire.
Poi però non si deve improvvisare. Ero e sono ancora completamente preso dalla mia storia. In ogni caso, non volevo lasciarmi sfuggire l'occasione per inviarle pubblicamente un saluto.
Non ho bisogno di dilungarmi nel descrivere i miei sentimenti personali – che dedico con pari calore al poeta e all'uomo tedesco.
Con la riconoscenza di sempre
Suo Theodor Heuss

Theodor Heuss, *Per il sessantesimo compleanno di Hermann Hesse, 2 luglio 1937,* in: *Die Hilfe*, 1937, pp. 276-278.

Il nuovo libro di Hermann Hesse, appena uscito con il titolo *Gedenkblätter* [Fogli di memorie], il suo libro più personale, è preceduto da un ritratto dell'autore, una fotografia: sotto l'ampio cappello di paglia chiaro e morbido, appare un viso magro, solcato di rughe sottili, molto abbronzato; la pelle ha una specie di durezza coriacea. Studiare una testa come la sua è un'occupazione importante. Sono trascorsi ormai più di vent'anni dall'ultima volta che ho incontrato quest'uomo, da quel sereno pomeriggio d'estate trascorso all'aperto, tra frutta e vino, al Melchenbühlweg, non lontano da Berna – che anni sono stati! Non sospettavamo ancora, e certo non lo sospettavamo nella distensione di quelle ore, quale minaccia sarebbe scesa sul mondo, quale cupezza avrebbe avvolto il suo destino personale – la gioia, disinvolta, scintillava ancora ignara, la conversazione sulla patria, gli amici, l'arte, si muoveva lieve, anche se a tratti si interrompeva in momenti di intensa e seria meditazione.
In questa testa magra e affilata, la freddezza del pensiero dimorava accanto alla disponibilità a lasciarsi andare a qualche monelleria impertinente, come a recuperare qualcosa dell'infanzia.
Adesso, il dialogo con il ritratto dell'uomo sessantenne, non ha più dimensioni semplici. In qualche angolo resta ancora un residuo di ironia, l'umorismo non si è del tutto spento. La cognizione del dolore, però, ha reso più aspri, più grandi e allo stesso tempo più profondi i tratti del suo viso; quella certa inquietudine nervosa dei suoi primi tempi è stata scacciata da un'intelligenza scrutatrice. Sulle prime, vedendo questa immagine, non ho potuto fare a meno di pensare a un monaco tibetano, un saggio, anche se non ne conosco – poi a un vignaiolo svevo, estenuato dal calore e dalla cura impiegata tra le viti, un lavoro che è allo stesso tempo sempre meditazione di chi attende e confida.
Qual è l'immagine che coglie la verità? Quest'anima sembra trattenersi sospesa in uno spazio indefinibile, e partecipa

di entrambe le immagini.
Pensare oggi a Hermann Hesse con sentimenti d'affetto è un semplice dovere di riconoscenza. Ci sono state volte in cui Hesse ha toccato i tedeschi, e soprattutto i giovani, molto più a fondo di quanto non sappia fare un felice dono letterario. Ha usato diversi registri. I suoi primi libri regalavano tratti di grazia serena e quieta malinconia – il loro fascino magnifico risiedeva nella forza incantatrice del linguaggio. Anche se le favole inventate sembravano semplici, i destini ordinari – avevamo di fronte un uomo capace di scrivere parole di una densità incredibile, di giungere alla perfezione nella chiarezza e nell'equilibrio della sintassi, molto parco nel dosare questo suo talento e nel limitare la sua materia all'ambito dell'esperienza vissuta in prima persona: idilli di provincia, tra città e campagna, da cui emerge però una forza di osservazione e una dolorosa bontà di sentimenti che ha fatto assurgere l'autore al ruolo di guida, di chi plasma un'intera generazione di giovani, disponibili ad avvertire il carattere esemplare di una seria volontà artistica. E poi quella seconda fase: l'uomo riflessivo e sensibile ha attraversato i sussulti della guerra e le sue conseguenze, ne è stato scosso in prima persona, nelle sue fibre essenziali – attaccato all'arte con tutti i suoi sensi e tuttavia spinto a fare spazio a riflessioni più profonde sui valori vincolanti della vita, della comunità; giunto al sicuro, si tuffa negli abissi del tempo, per bisogno personale e per necessità, ne scorre le domande aperte, le esistenze disperate, sentendole sulla propria pelle, con freddezza e ardore. Il caos irrompe dentro di lui, e il poeta gli si offre, con quel terribile amore per la verità che gli impone di affermare sé stesso – una via crucis commossa e commovente, attraverso un nudo deserto privo di illusioni. Ecco l'uomo che si espone al suo tempo e ne attraversa i tormenti, facendone l'esperienza nel suo intimo: vuole arrivare a padroneggiarli. Al termine di questa strada troverà la libertà interiore, non più amara, perché ha esaurito ogni amarezza – magari non sarà più capace di ridere, ma sa scacciare i fastidi e le cattiverie quotidiane con un gesto disinvolto della mano, ed è

pronto a iniziare il gioco più alto della fantasia. Non mi meraviglierei se ora Hesse ci regalasse un'opera che ha ben poco a che fare con i toni a cui l'autore si era attenuto in passato – e nel volume di *Neue Gedichte* [Nuove poesie] mi sembra di intravederne già dei cenni.

Possiamo accogliere i due volumi, *Gedenkblätter* [Fogli di memorie] e *Neue Gedichte*, appena usciti da S. Fischer a Berlino a poca distanza l'uno dall'altro, come regali offerti da Hermann Hesse in occasione del suo compleanno. Un paio di mesi fa, un giovane poeta di talento mi ha scritto: «Ha già letto il nuovo volume di poesie di Hesse? Resta davvero il maestro di tutti noi, per noi è inarrivabile.»

Non conoscevo ancora quella raccolta. Le parole di quella lettera, però, mi hanno piacevolmente colpito. Infatti il poeta, stabilitosi in Svizzera, e solo raramente trascinato in effimere e insulse faide sui giornali, è diventato ormai per molti un personaggio un po' strano e schivo – chi tra i più giovani riconosce ormai il valore altissimo della sua arte? Sulla sua prosa e sui suoi versi scende il bagliore della tarda estate, di chi sa che verrà presto l'autunno – il raccolto maggiore è ormai al sicuro, ma ai rami degli alberi pendono altri frutti maturati più lentamente, e nelle vigne tra poche settimane gli acini avranno raggiunto piena dolcezza. Questi libri offrono un pacato insegnamento a chi vuole imparare come trascorrere gli anni con decoro, prima ancora di invecchiare. Nelle memorie, in parte già scritte anni fa, il poeta evoca il ricordo del padre e del fratello, di amici e compagni di scuola; uno dei fogli di memorie è dedicato ai salotti, agli appartamenti, alle case in cui l'autore ha fatto lunghe soste durante il viaggio dell'esistenza: un'affascinante autobiografia di luoghi, non soltanto geografici, ma anche luoghi dell'anima. Racconto e riflessioni si mescolano in queste pagine, ma in modo limpido e ben riuscito – lo scrittore che ha dato voce all'idillio di una gioventù incline al romanticismo, l'autore che ha problematizzato quegli anni tormentati e sconvolti, ha conquistato una qualità superiore di saggezza e di quiete, e ha la forza di riaffermare sé stesso nell'amore per la verità: un sentimento sicuro, calmo, senza alcun'ombra di affettazione.

Anche la raccolta di poesie contiene pezzi di contemplazione pura, paesaggi dal calore meridionale si alternano a strofe che esprimono tensione intellettuale, professioni di fede, autodifese:

> «Meglio servire con passione
> per maturare in futuro, sacrificio e non azione,
> che non diventare adulti e re, tradendo
> il senso del tuo dolore: la tua vocazione».

La breve raccolta è scelta con cura e conserva una qualità molto alta anche là dove racconta del gioco di piccole varietà di colore, o del dono delle strade laterali. Il respiro del libro si coglie nella calma coraggiosa di fronte all'appassire e al morire. Morire, però, è altra cosa che uccidere. La *Canzone della morte di Abele*, una visione della guerra, è un lamento, un'accusa: queste due pagine sono la poesia più intensa del libro, in pochissime righe un'autentica grandezza.

Theodor Heuss a Hermann Hesse, 18 gennaio 1938.
Archivio svizzero di letteratura, Berna.

18 gennaio 38, Berlino – Lichterfelde, Kamillenstraße 3
Caro signor Hesse,
La ringrazio molto per la bella cartolina – sono contento che il saggio abbia destato in Lei un'eco tanto cortese. – Dopo un lungo esercizio di pazienza, l'anno passato ha avuto una conclusione piacevole: il ponderoso libro su Naumann è stato consegnato il [7] dicembre; la prima edizione [...] è stata stampata in realtà solo in 2000 esemplari, ed è andata esaurita nel giro di tre settimane. Si trovano già, in ogni caso, delle buone valutazioni sulla pubblicistica svizzera. Temi e modo di esporre escono un po' fuori dagli schemi. In ogni caso, sembra quasi che per una valutazione imparziale della storia recente si debba fare i conti non solo con il ruolo dello Stato, ma anche con quello della religione e dell'arte. Per me va bene. E questo libro di 750 pagine è l'«opera della mia vita».
Suo devoto Theodor Heuss

Theodor Heuss, *Il piacere di dire grazie. A Hermann Hesse.* Discorso in occasione del settantacinquesimo compleanno di Hermann Hesse il 2 luglio 1952.

Con queste parole di ringraziamento intendo far risuonare la voce della patria. E nel farlo so di corrispondere alle forze più profonde e più ricche della storia intellettuale di questo nostro singolare Paese.
Il mio discorso, pronunciato anche a nome del Paese, avrà tuttavia un carattere molto personale. Quello che abbiamo provato da giovani, quando abbiamo avuto tra le mani il *Camenzind*, è stato un senso di incanto – qualcosa di simile l'avevo provato davanti alle pagine di Jean Paul, ma era qualcosa di diverso veder sbocciare accanto a noi quel tipo di poesia in quei giorni, nel nostro tempo, vederla semplicemente presente, non adombrata da suggestioni storiche. E, ancora una volta, l'esperienza della crescita, l'incanto suscitato dal *Giuoco delle perle di vetro.* Una vita intera era trascorsa tra mutamenti e affermazione di sé, tra entusiasmi e perplessità, idilli e tempeste, speranze e rinunce, e aveva finito per rispecchiare, con serena chiarezza intellettuale, un senso di rassegnazione e di certezza. Certezza? Il senso di questa domanda va a esaurirsi in un sacrificio, che trascina con sé i dubbi nel grande silenzio.
Noi che siamo stati molto vicini al poeta nelle varie fasi della vita, osservandone l'evoluzione nel ritmo determinato da quelle fasi, noi che abbiamo osservato il suo modo di affrontare, interiormente ed esteriormente, gli avvenimenti storici, non soltanto politici – noi non sappiamo come la nuova generazione di giovani abbia accolto e continui ad accogliere i vari strati della sua poetica.
Se i giovani saranno sensibili all'elemento puramente artistico, avvertiranno la meravigliosa e costante autenticità del lavoro artigianale di Hesse: tra gli autori attuali, a me sembra, Hesse scrive il più bel tedesco, sia nei passaggi più lirici, sia quando espone, spiega e argomenta con un modo di esprimersi sintetico, asciutto, e volutamente semplice. A qualunque età, con qualunque disposizione d'animo ci si avvicini alla sua opera, la riconoscenza

verso Hesse sarà dunque sempre una riconoscenza per la sua capacità di amministrare il patrimonio linguistico, una capacità che fa impallidire noi altri, scrittori «anche noi».

A questi argomenti vorrei legare alcuni ricordi. Il mio primo incontro personale con Hesse risale a quarant'anni fa, quello professionale era avvenuto un paio d'anni prima. Ho rovistato tra le mie vecchie carte e ho riportato alla luce uno scambio di lettere del 1910: all'epoca, nel recensire la *Gertrud* con tutta l'«ingenuità» di un giovane, avevo consigliato a Hesse di impegnare il suo talento su temi elevati – ormai dominava bene gli idilli.

La recensione era benevola, come si suol dire. Hesse mi rispose descrivendomi il suo modo di lavorare in una lettera di quattro pagine – una lettera da consegnare ai filologi o allo Schiller-Archiv di Marbach. Poi, nello scambio successivo – anche se ciascuno chiudeva la lettera affermando di non attendere una risposta – abbiamo cercato di eliminare i malintesi: io scrivevo a Hesse che dal suo talento letterario ci si sarebbe aspettati che diventasse il «Flaubert tedesco» – Thomas Mann era «troppo ironico», dicevo nella mia lettera del 1910. Hesse mi rispondeva: «L'idea del Flaubert tedesco sarebbe stupenda: essendo ancora giovane non voglio promettere nulla, ma sono terrorizzato dal rischio che opere simili comportano dal punto di vista artistico. Scrittori di grandi capacità come Zola hanno fallito. E poiché di nascosto scrivo liriche, il desiderio di comporre una melodia è per me forse maggiore, in ultima analisi, rispetto a quello di penetrare grandi temi, per quanto nella ‹vita privata› io mi senta intellettualmente avvinto da questi ultimi». Ho voluto leggere queste righe perché sono caratteristiche del senso di misura con cui Hesse ha sempre affrontato i suoi compiti. Un senso di misura regolato dal grado delle sue esperienze, delle vicende della sua vita, delle sue conoscenze.

Rovistando tra vecchie lettere, mi sono imbattuto anche nella questione politica: sarebbe ingiusto volerne sfumare i toni.

Dal 1913 alla fine del 1917 ho diretto la rivista letterario-politica *März*, condividendo la redazione con persone dai caratteri diversi, se non addirittura opposti, come Ludwig Thoma e Hermann Hesse. Personalità vigorosa, Thoma aveva la calligrafia regolare e rétro di una donna di cultura; Hesse, invece, inviava le sue glosse e le sue liriche splendide scritte con una macchina da scrivere non proprio impeccabile sul retro di fogli strappati dalle agende – parsimonioso come solo uno svevo può esserlo! Allo scoppio della guerra, che i due vissero in modi molto diversi, si arrivò inevitabilmente a momenti di tensione. Dalla Svizzera, Hesse, che all'epoca si impegnava a procurare libri per i prigionieri di guerra tedeschi internati in campi di detenzione in Francia, soffriva enormemente per la guerra. Thoma, invece, la celebrava con i suoi scritti. Un giorno del 1915, Hesse mi scrisse che, per quanto Thoma gli fosse «caro come sempre», non riusciva «mai più a prenderlo sul serio». E proseguiva: «Se nella Germania futura sarà questo il modo di mettere a tacere l'avversario, diventerò svizzero. Dovremmo essere proprio noi a non tollerare che le cose si mettano come dopo il 1870». Questi contrasti restavano all'interno della redazione. Una volta, però, raggiunsero il pubblico. Il giornale conservatore di Stoccarda fece uscire un articolo denigratorio contro il pacifista e traditore della patria che non suonava le fanfare della guerra – e all'epoca, in un saggio dai toni molto accesi, mi esposi in prima persona per difendere l'ethos, l'umanità di questo scrittore, e non da ultimo la legittimità del suo atteggiamento, proprio in quanto tedesco. A questa vicenda si lega un aneddoto toccante. Hesse mi inviò una lunga lista di indirizzi di pastori e vedove di pastori a cui inviare il mio saggio – quell'immagine dell'uomo perduto e scacciato non doveva incidersi nella coscienza di coloro con cui aveva familiarità e amicizia. Gli stava molto a cuore la «reputazione» di cui godeva in patria.

Anni dopo quell'episodio, il poeta è diventato cittadino svizzero; l'atmosfera della Confederazione gli era stata familiare in gioventù e aveva nutrito la sua crescita – non voleva restare un semplice ospite. So fin troppo bene come molti glielo abbiano «rinfacciato», o continuino, o tornino a rinfacciarglielo; non ho mai preso parte a questa occupazione così amata dai tedeschi. Sinceramente, un simile processo tecnico-giuridico frutto di una scelta individuale non mi ha mai molto interessato, soprattutto considerando chi erano i critici; il lavoro creativo è più importante del registro di stato civile – il primo afferma qualcosa, il secondo si limita a prendere atto.

Tuttavia, ciò che il lavoro creativo esprime è la crescita dello spirito tedesco, è l'affermazione e autoaffermazione di un uomo tedesco di fronte alla sua coscienza. Hesse, infatti non è «semplicemente» un poeta. Molti credono che si debbano «trattare con indulgenza» i poeti o gli artisti, e spesso questi sostenitori dell'indulgenza hanno ragione. Ma in questo caso, nel caso di Hesse, sarebbe ingiusto, sarebbe come rifugiarsi dietro una scusa banale, se non addirittura una giustificazione. A un uomo dotato di un tale autocontrollo intellettuale e di una tale sicurezza artistica, voler confermare l'altissimo grado del suo talento nell'arte sarebbe come perdere di vista qualcosa di più essenziale, o forse proprio l'essenziale. Chi si sentisse incline a farlo, però, potrebbe considerare più da vicino l'autore romantico di racconti e di liriche e la sua particolare scala di valori, e vedrebbe un osservatore del mondo ironico e giocoso, e soprattutto autoironico – c'è un passo in cui Hesse si imbatte nel rigorismo etico al quale egli stesso vuole rimanere fedele, per non perdere il baricentro della sua esistenza di persona, ma anche di poeta.

Questa esigenza di autoaffermazione individuale consiste nel «non-volersi-mai rimproverare-nulla». Un'esigenza che comporta inevitabilmente delle fratture, degli strappi. La sua esistenza, infatti, trascorsa in uno stato cagionevole esposto a molte malattie, non è semplicemente un'autoaffermazione, ma anche un'autodifesa, sotto ogni punto di vista, e soprattutto a fronte di atteggiamenti banalizzanti e brutalizzanti. La sensibilità è, o era, in grado di trovare risorse per difendersi nei momenti più cupi, in terra straniera, in preda alle passioni. E la solitudine si fa ricchezza e rifugio – la vita e il destino dei personaggi di Hesse sono esposti a un continuo meditare in solitudine, e le sue liriche sonoanch'esse la «musica di un solitario». Si avverte, però, sempre un gesto come di chi allunghi la mano a cercare l'altro, per tendergli un dono o per assicurarsi il suo sostegno silenzioso. Di fronte a quest'opera poetica, densa di tensioni, scissioni, incontri, e fedele alla legge nascosta dell'armonia, non posso fare a meno di pensare ai teologi speculativi del tardo medioevo, a Niccolò Cusano, per il quale l'aspetto razionale e quello mistico si pongono uno accanto all'altro; nella *coincidentia oppositorum*, un insieme di elementi separati, estranei, perfino ostili tra loro, trova un fondamento comune…

Il grazie che devo e voglio esprimere sarà dunque una dichiarazione in favore dell'essere umano Hesse, e della sua opera poetica. Non intendo misurare l'importanza di quest'opera citando il premio Nobel per la letteratura, assegnato a Hesse sei anni fa; mi ha fatto molto piacere, ma non sono così ingenuo da voler dedurre il giudizio del mondo dal parere della commissione di un premio. Che però proprio in quel momento, nel 1946, il nome di Hesse e il suo talento abbiano ricevuto conferma assurgendo a fama mondiale, ha qualcosa di confortante. È stato, in effetti, come se si fosse riaperto un locale chiuso dopo anni di ripiegamento autoimposto, poiché il carattere tedesco aveva offuscato sé stesso e si era lasciato offuscare. Ci ha illuminati una luce, una luce si è irradiata da noi. Il carattere occidentale, come un patrimonio di valori e credenze comuni, è entrato nelle coscienze tramite il riflesso di un «viaggiatore in Oriente»: un evento accaduto nella lingua pulita, e purificata anche mentalmente, della nostra patria. Il carattere europeo, che politici e pubblicisti si sforzano di cogliere, e sono peraltro costretti a definire in paragrafi e trattati, anche se a volte si lasciano andare ad accenti patetici rivolti al futuro – questo carattere europeo era già presente in quest'uomo e nella sua opera come un dato di fatto privo di qualunque pathos.

Di una cosa però sono certo: nell'aria sognante di Montagnola si avverte a tratti scrosciare il fiume Nagold, e la chiarezza trasparente del giardino ticinese fa sorgere talvolta, fra ombre protettive, la nostalgia degli abeti scuri della Foresta Nera.

Nei miei ricordi si è conservato qualcosa di toccante: lo scorso ottobre ho fatto brevemente visita a Hermann Hesse; ci siamo rivisti dopo molti, molti anni, non si è quasi parlato di politica, e di letteratura solo marginalmente, mentre per la maggior parte del tempo si è parlato di destini personali e familiari di amici svevi – Hesse chiedeva dettagli, sapeva a sua volta alcuni dettagli. Come «se l'è cavata» questo o quello? Sembrava una riunione familiare sveva in cui si fa il punto della situazione, non senza una nota di sarcasmo indulgente o di tristezza delusa. Quella conversazione avrebbe potuto svolgersi anche in una saletta dell'«Adler» o della «Krone» a Gerbersau – la corrente del fiume Nagold avrebbe allora accompagnato le parole come un'energica melodia uniforme di sottofondo, proprio come ha accompagnato l'intera vita del poeta.

È stata una bella giornata, molto piena, che è andata sfumando nella quiete estenuata della sera. Più tardi ho ritrovato i versi che tanti anni fa, nel novembre del 1917, Hesse mi aveva inviato da pubblicare; li aveva intitolati: *Nel buio della sera, camminando.* Tra le corde di una malinconia trattenuta risuona la voce di una fede intatta:

Per quanto fredda e buia sia la sera
E piova fitto,
Io canto versi in vista dell'aurora
Chissà chi ascolta.

Per quanto in guerra e angoscia anneghi il mondo
Da qualche parte,
Continua brace, crepita l'amore,
Se mai si scorge.

Theodor Heuss a Hermann Hesse, 3 giugno 1954.
Deutsches Literaturarchiv Marbach.

Caro e stimatissimo signor Hesse!
[...] L'Ordine Pour le Mérite (Classe di pace) è stato letteralmente condannato all'estinzione da Hitler, in ragione del fatto che integrava i suoi membri con modalità democratiche. Al posto dei membri deceduti non fu permesso di eleggerne altri, ragion per cui nel 1950 erano rimasti solo tre cavalieri dell'Ordine. Quell'anno, resomi conto della situazione, decisi di «salvare» l'Ordine, che di fatto è il più nobile tra tutti gli ordini conferiti in Germania. Enno Littmann, l'arabista di Tubinga, accolse l'idea con favore, e i due altri cavalieri ancora in vita – Wilhelm Furtwängler e lo studioso di scienze militari von Kuhl – aderirono a loro volta. Per prima cosa, questi tre signori elessero quindici nuovi membri. Sul secondo allegato può vedere come si presentava la compagine nel 1952.
Ora, nella definizione dei nuovi statuti si è deciso di richiamarsi allo statuto originario messo a punto da Alexander von Humboldt e rimasto in vigore fino al 1924, il quale prevedeva la possibilità di eleggere anche trenta cavalieri di cittadinanza non tedesca, sebbene per questi non fosse prevista la facoltà di contribuire alla nomina dei nuovi membri. Nella seduta tenutasi il 31 maggio, i signori membri hanno deciso per prima cosa di eleggere otto o nove membri provenienti da altri stati. Si è deciso intenzionalmente di non eleggere subito tutti i trenta membri non tedeschi, che pure sono previsti dallo statuto.
È in questa occasione che Alexander Schröder ha proposto il suo nome e quello di Carl J. Burckhardt. Tra le altre personalità proposte vi sono Albert Schweizer, uno storico inglese, uno scienziato danese, uno francese e uno americano. In questo momento mi sfuggono gli altri.
Io stesso, molti anni fa, declinai la proposta di diventare cavaliere dell'Ordine, da un lato perché conosco tante persone la cui specifica attività intellettuale ha avuto e ha un significato ben più grande della mia, dall'altra perché volevo che l'Ordine si mantenesse

libero dalla precedente consuetudine di accogliere personalità come Metternich e persino Bismarck. Secondo la mia opinione, il vero e proprio uomo politico dovrebbe rimanerne fuori.
Mi sono reso disponibile a rivolgermi a Lei per chiederle se è disposto ad accettare l'Ordine. A suo tempo lo rifiutò anche il nostro grande compatriota Ludwig Uhland, perché a) riteneva che riguardasse anche la nobiltà personale b) si trovava ancora in una comprensibile situazione di conflitto personale con Federico Guglielmo IV, che aveva mandato in rovina i lavori in corso nella Paulskirche.
Conoscendola, posso immaginare che queste onorificenze ufficiali non corrispondano esattamente alla sua natura. Ma d'altra parte so per certo che non confonderà la mia persona con quella di un Federico Guglielmo IV qualsiasi, per rimanere sul tema di Ludwig Uhland. Mi piacerebbe che Lei accettasse l'onore che Le viene offerto, e che attraverso di esso potesse trovare una concreta, visibile espressione del collegamento tra la sua persona e quella che possiamo definire «Germania spirituale». Le sarei grato se decidesse di riflettere sulla questione. La valutazione dei membri è oggi accompagnata da una certa tensione, perché vi si riflettono le valutazioni dei contemporanei, e vi si riflettono in modo sorprendente, se si pensa a certi pittori degli anni '70 e '80. D'altro lato, Lei potrà rendersi conto che in generale si tratta davvero di una «buona compagnia». La prego di tenerlo presente nelle sue considerazioni e poi di comunicare a me la sua decisione, perché in tutte le questioni che vanno oltre i confini nazionali dobbiamo evitare qualsiasi atto maldestro. Nel caso in cui decidesse di rispondere con un «no», allora pregherei il prof. Littmann di non recapitarle affatto la comunicazione ufficiale.
Con i miei più cordiali saluti, anche a sua moglie,
il suo Theodor Heuss

Hermann Hesse an Theodor Heuss, Pentecoste 1954.
Copia conservata nell'Archivio svizzero di letteratura, Berna.

Caro e stimato dott. Heuss
La ringrazio per la sua lettera del 3 giugno e per i due allegati, il memorandum sull'Ordine Pour le Mérite e il suo articolo «Ein Areopag des Geistes» [Un areopago dello spirito] del 1942. Il suo invito ad accettare l'Ordine mi ha inizialmente confuso, ma ho preso la mia decisione e accetto con gratitudine la sua proposta insieme amichevole e lusinghiera.
Devo ora raccontarle brevemente il modo in cui sono giunto a rispondere al suo invito con un «Sì» che certamente non corrisponde alla mia reazione istintiva.
Proprio la mattina del giorno in cui mi è stata recapitata la sua lettera (arrivata nel pomeriggio) ho ricevuto un ospite molto gradito, il mio cugino «giapponese» Wilhelm Gundert. Non lo vedevo da ventiquattro anni e lo avevo invitato per aver ancora una volta la possibilità, nella mia vita, di trascorrere del tempo con un parente a cui sono affezionato fin dall'infanzia, e che oltretutto sento come un compagno a me particolarmente vicino, a causa del mio antico amore per l'Estremo Oriente.
La sua permanenza, protrattasi per un paio di giorni, è stata colmata da una parte dallo scambio dei ricordi del passato, e dall'altra dai nostri dialoghi sulla poesia e la saggezza orientali.
Quando dunque ho ricevuto la sua richiesta di accettare l'Ordine, mi trovavo immerso in uno spirito di denigrazione del mondo, dei suoi beni e dei suoi onori, nello spirito della saggezza buddista e zen; e se non fosse stato proprio Lei a inviarmi la lettera, avrei immediatamente risposto con un cortese diniego.
Tuttavia ho sentito di dovere a Lei e anche a me stesso un esame attento della questione, che per me si pone più o meno in questi termini: «è più stupido e vanesio accettare tale onorificenza, oppure declinarla dall'alto di una saggezza esoterica?».
La domanda è rimasta senza risposta. Secondo i maestri dello zen, non vi è differenza tra la vanagloria di chi accetta di entrare in un ordine gerarchico e la vanagloria di chi lo rifiuta con

atteggiamento frondista. Allora ho preso in mano il libro cinese degli oracoli, *I Ching*, e l'ho interrogato. Il giudizio che ho ricevuto nel segno T A I è stato chiaro e anche molto lusinghiero per Lei, caro dott. Heuss. Diceva tra l'altro: «Cielo e terra si uniscono. Il sovrano divide e compie il corso del cielo e della terra, amministra e ordina i doni del cielo e della terra e nel farlo assiste il popolo».

Ho accettato il giudizio dell'*I Ching* e con esso anche il suo invito.

Mia moglie si unisce ai miei saluti. Pensiamo spesso a Lei, nella nostra casa.

Cordialmente, il Suo H Hesse

Immagini

Fonti

Archivio della famiglia Heuss, Basilea
fig. 1, 10, 14, 17, 18, 20, 21, 22, 23, 24, 25, 26, 27, 28, 29, 30, 31, 32, 33, 36, 37, 38, 41

Fondazione Hermann Hesse Montagnola
fig. 2, 5, 6, 7, 11

Stadtarchiv Heilbronn
fig. 3

Archivio della famiglia Heuss, Basilea / Stiftung Bundespräsident-Theodor-Heuss-Haus, Stoccarda
fig. 4, 9, 12, 39

Deutsches Literaturarchiv Marbach
fig. 8, 13, 34

Biblioteca nazionale svizzera, Berna, Archivio svizzero di letteratura
fig. 16, 35, 40

Hotel Waldhaus, Sils Maria
fig. 19

Copyright

fig. 41
Theodor Heuss e Hermann Hesse il 10 agosto 1957 in Val Fex a Sils Maria, Alta Engandina.